Theodor Von Sosnosky

Sprachsünden

Theodor Von Sosnosky

Sprachsünden

ISBN/EAN: 9783743362376

Hergestellt in Europa, USA, Kanada, Australien, Japan

Cover: Foto ©Paul-Georg Meister /pixelio.de

Manufactured and distributed by brebook publishing software (www.brebook.com)

Theodor Von Sosnosky

Sprachsünden

Inhalt.

	Seite
Vorrede	1
Einleitung	4
Einteilung	9

   I. Verstöße gegen die Formenlehre.
      A. Fehlerhafte Wortformen 11
      B. Gekünstelte Wortbildungen, fehlerhafte Anwendung
         der Wörter 12

  II. Verstöße gegen die Elementarregeln der Satzlehre.
      A. Auslassung des Artikels und Personalpronomens . 18
      B. Fehlerhafte Satzverkürzungen 23
      C. Fehlerhafte Wort- und Satzstellung . . . 28

 III. Unklarer und unschöner Stil.
      A. Zweideutigkeit 36
      B. Unverständlichkeit, Undeutlichkeit, Schwerfälligkeit . 41
      C. Monotonie, Pleonasmus, Tautologie 54

 IV. Fehlerhafte Tropen und Unsinn.
      A. Mißbrauch der Synekdoche 57
      B. Fehlerhafte Bilder 59
      C. Unsinn 67

Schlußworte 73
Verzeichnis der Schriftsteller 75

Vorrede.

Diese Arbeit soll die Sünden zeigen, die in der modernen deutschen Erzählungs=Litteratur gegen die Gesetze und gegen den Geist der Sprache begangen werden.

Die erläuternden Beispiele sind fast durchwegs den Werken bedeutender, ja berühmter Schriftsteller entnommen; denen weniger bekannter nur dann, wenn sie besonders bezeichnend sind.

Die Anzahl der erwähnten Werke ist im Verhältnis zu der der Beispiele ziemlich klein. Man könnte nun glauben, es seien nur besonders mißratene Bücher angeführt, Bücher, bei deren Abfassung die betreffenden Schriftsteller zufällig nicht in der richtigen Stimmung gewesen sind, wie das ja wohl vorkommen mag; man dürfe daher aus diesen Büchern noch keinen Schluß auf die Eigenart ihrer Schöpfer machen.

Für den Inhalt eines Buches könnte diese Entschuldigung noch gelten, nicht aber für dessen Ausdruck, für die Sprache; diese pflegt nicht zufällig zu wechseln, diesmal richtig, das nächste Mal fehlerhaft zu sein; sie kann sich nur im Laufe der Zeit verbessern oder verschlechtern.

Aber hiervon ganz abgesehen: gerade die am häufigsten erwähnten Bücher: Jensen's „Aus stiller Zeit" und Rosegger's „Mann und Weib" haben diese Entschuldigung nicht; denn sie enthalten nicht eine einzelne Erzählung, die auf einmal entstanden ist, sondern je acht Novellen, die zu verschiedener Zeit, jede für sich, veröffentlicht und dann erst unter jenem Titel in Buchform gesammelt worden sind.

Diese zwei Bücher können übrigens schon darum nicht verunglückt genannt werden, weil sie manches Gute enthalten, das Jensen's sogar Ausgezeichnetes. Sie zeigen eben nicht nur die Fehler, sondern auch die Vorzüge ihrer Verfasser, sie sind für deren Eigenart in hohem Grade charakteristisch.

Das ist auch der Grund, warum von den anderen Schriftstellern oft nur ein Werk und dieses immer wieder erwähnt wird.

Es sind fast durchwegs nur neuere, wenn nicht die neuesten Werke der genannten Autoren angeführt; dadurch ist deren gegenwärtiges Können wohl am besten gekennzeichnet; und hier soll ja von der Litteratur der Gegenwart die Rede sein! Darum sind auch Freytag und Storm nur sehr spärlich vertreten; jener feiert schon lange, und dieser ist tot.

Auch ganz verfehlte, geradezu schlechte Bücher wie Baron Liliencron's „Breide Hummelsbüttel" und Conradi's „Phrasen" sind nicht deshalb so oft erwähnt, weil sie die schlechtesten, sondern weil sie die einzigen¹) größeren dieser Schriftsteller sind.

Bei der Abfassung dieser Arbeit sind mir folgende Bücher maßgebend gewesen: „Sprachgebrauch und Sprachrichtigkeit im Deutschen" von Karl Gustav Andresen, 5. Auflage (Heilbronn, Gebrüder Henninger, 1887) — dieses ganz besonders — „Der deutsche Stil" von Dr. Karl Ferdinand Becker, neu bearbeitet von Dr. Otto Lyon, 3. Auflage (Leipzig, G. Freytag, Prag, F. Tempsky, 1884) und die „Deutsche Grammatik für österreichische Mittelschüler" von Dr. F. Willomitzer, 4. Auflage (Wien, Manz 1885). Diese ist mir namentlich für die Orthographie bestimmend gewesen.

Beim Sammeln der Beispiele ist mir mein Freund Herr Alexander Ritter von Weismayr in hohem Grade behilflich gewesen; er hat mir etwa 100 verschafft. Ich spreche ihm hier öffentlich meinen Dank dafür aus.

Wien, Pfingstsonntag, den 9. Juni 1889.

Theodor von Sosnosky.

---

¹) Conradi's zweiter Roman „Adam Mensch" war zur Zeit der Abfassung dieser Arbeit noch nicht erschienen; übrigens ist er dem ersten ebenbürtig.

Einleitung.

Das Interessanteste an manchen Zeitschriften ist die Rubrik „Briefkasten" oder „Korrespondenz", welche die Antworten enthält, die von den Redaktionen auf die zahlreichen Einsendungen von Gedichten und anderen poetisch sein sollenden Erzeugnissen gegeben werden.

Sie bietet meist auch Bruchstücke derselben und erfüllt somit die Wünsche der Einsender, ihre „Werke" gedruckt zu sehen; allerdings nicht ganz in ihrem Sinne.

Zuerst wird man über die unfreiwillige Komik dieser Machwerke lachen, dann staunen, welche unglaubliche Unkenntnis der Grammatik und Logik hier zu Tage tritt; davon ganz abgesehen, daß die Orthographie so manchem dieser „Dichter" eine terra incognita ist.

Allerdings sind derlei Erzeugnisse meist in Versen geschrieben und das ungewohnte Gewand der Metrik, das sich hemmend um Worte und Gedanken legt, trägt nicht wenig dazu bei, sie noch unförmlicher und lächerlicher erscheinen zu lassen. Aber auch die Prosa-Einsendungen sind keinesfalls besser; denn es ist schwerer, eine vollkommen reine Prosa zu schreiben, als ein der Form nach tadelloses Gedicht; nur können sich ihre Verfasser freier bewegen und erscheinen darum weniger lächerlich.

Wenn Laien gegen die Regeln der Grammatik und der mit ihr unzertrennlich verbundenen Logik fehlen, so ist das zwar keineswegs zu entschuldigen, aber zu begreifen, zumal diese in den Schulen sehr stiefmütterlich behandelt werden.

Wenn es liebeskranke Jünglinge und Backfische thun, indem sie die Poesie als Ventil für ihren Gefühlsüberschuß benützen, so ist das eine unausrottbare Krankheit, die bei dem einzelnen Individuum zum Glücke meist bald wieder vergeht.

Wenn es aber Männer thun, deren Element die Sprache ist, wenn es Schriftsteller thun, so ist es unverzeihlich.

Und sie thun es, ja sie scheuen sich nicht, der lesenden Mitwelt mit zweifellosem Unsinn aufzuwarten.

Nun könnte man einwenden, nur die wenigsten von ihnen hätten Zeit, sich mit der sorgfältigen Prüfung und Sichtung der Worte zu befassen, man dürfe von den schnell hingeworfenen Tagesberichten, Leitartikeln und Feuilletons keine tadellose Stilisierung verlangen.

Zugegeben: viele Schriftsteller sind durch ihren Beruf oder durch Not gezwungen, hastig zu arbeiten — manche thun es wohl auch aus Geld- oder Ruhmgier — ist die Stilverderbnis darum weniger tadelnswert?

Übrigens soll hier nur von solchen Erzeugnissen schriftstellerischer Thätigkeit die Rede sein, an welche einen strengen Maßstab zu legen man vollauf berechtigt ist: von Büchern. Sind diese, wie es ja häufig vorkommt, nur Sammlungen jener flüchtigen Arbeiten der Tages=litteratur, so ist das durchaus kein Milderungsgrund; die Verfasser sollten ihre Arbeiten einer sorgfältigen Durchsicht unterziehen, ehe sie ihnen die Buchform geben. Doch das hieße wohl zu viel verlangen! — Warum aber sündigen auch diejenigen Schriftsteller gegen die Sprache und deren Geist, welche nichts zwingt, hastig zu arbeiten? Aus Nachlässigkeit und Unwissenheit; und auch dann ist es Unwissenheit, wenn sie mit Absicht etwas schreiben, was den Regeln der Grammatik und Logik widerspricht: sie wissen eben nicht, daß sie fehlen; sie glauben sich be=rechtigt, die Sprache zu verbessern und halten ihre Fehler für die Äußerungen jener Eigenart, die das Genie kenn=zeichnet.

Gewiß ist die deutsche Sprache schwer zu beherrschen, schon infolge ihres Reichtums. Der embarras de richesse verführt zur Nachlässigkeit und Manier. Aber wenn sie auch der Laie, dem sie nur Behelf und Mittel ist, nicht ganz versteht, so soll es doch der, dessen Element sie ist, der Schriftsteller. Nun könnte man freilich einwenden: auch ihm ist sie nur das Mittel zum Zweck. Gewiß! die Sprache ist immer nur die Fähigkeit, dem Gedanken einen sinnlichen Ausdruck zu geben, also ein Mittel. Aber in diesem Sinne ist es auch die Kunst: auch die Malerei ist nur ein Mittel, und ihr Zweck die lebenswahre Dar=stellung eines dieser würdigen Stoffes; dennoch ist sie Kunst!

So ist's auch mit der Sprache: wer es nicht ver=steht sie zu gebrauchen oder sie absichtlich mißbraucht, der

Stümper und der Manierist, wird seinen Gedanken auch nicht das angemessene Gewand geben können. Ein unpassendes Wort, eine geänderte Wortstellung kann dem Satze einen ganz anderen Sinn geben.

Klarheit aber ist die erste Forderung, die man an ein Buch zu stellen berechtigt ist; kämen ihr — und nur ihr — die Schriftsteller auch stets nach, die Litteratur wäre glücklich zu preisen. Die Ausschmückung des Stils könnte man noch entbehren. In der Sprache ist Klarheit auch Schönheit; fördert sie der Schmuck, um so besser; wenn nicht, ist er überflüssiger Ballast.

Heutzutage ist eine gewisse litterarische Gilde eifrigst bemüht, die Form zu verneinen und sich in pöbelhaften Schmähungen über den „stümperhaften Formalismus" zu ergehen. Diese Herren scheinen nicht zu wissen, daß Form und Inhalt untrennbare Begriffe sind. Wie jede konkrete Sache Form und Inhalt hat, so auch jede abstrakte. Wird eines von beiden geschädigt, so leidet das Ganze.

Hier soll nicht von der Form im weiten Sinne des Wortes die Rede sein, nicht von der Form, die das Gewand eines ganzen großen Gedankenkomplexes bedeutet, nicht von der Anordnung und vom Aufbau eines litterarischen Stoffes; sondern von der Form, die der Ausdruck eines Begriffes, eines Gedankens ist, vom Worte und Satze.

Und diese Form muß gewahrt werden! Wer glaubt, sie willkürlich handhaben zu dürfen, der ist in einem schweren Irrtum befangen.

Jene Herren sind es. Und sie sündigen nicht bloß gegen die Sprache, sondern auch gegen die Logik; —

das rächt sich aber! — oder sollten sie auch diese verachten? Immerhin haben sie das zweifelhafte Verdienst, zu den Beispielen, an denen gezeigt wird, zu welch' blühendem Unsinn es die moderne deutsche Erzählungs-Litteratur schon gebracht hat, sehr viel, vielleicht das meiste beigesteuert zu haben; denn üppig wuchern die Stilblüten im Garten des „jüngsten Deutschland!"

Einteilung.

Man könnte die Verstöße gegen die Sprache, je nachdem sie der Nachlässigkeit oder der Manier entspringen, in zwei Gruppen zusammenfassen. Diese Einteilung wäre aber rein äußerlich. Noch weniger ginge es an, die Fehler nach den Schriftstellern einzuteilen.

Am natürlichsten ist es wohl, es nach den zwei Hauptgruppen der Grammatik zu thun, also in Fehler gegen die Formenlehre und gegen die Satzlehre.

Diese hat aber ein unverhältnismäßig umfangreicheres Gebiet und zerfällt in drei Gruppen, von denen jede weit größer ist als jene; diese drei aber teilen sich wieder in kleinere Gruppen. Da erscheint es denn im Interesse der logischen Symmetrie geboten, die größeren Gruppen ganz selbständig zu behandeln und der ersten Hauptgruppe beizuordnen, so daß nun vier Hauptgruppen bestehen. Dadurch wird auch einer allzu großen Zersplitterung des Stoffes vorgebeugt und dessen Übersicht erleichtert.

Das Schema der Einteilung sieht demnach so aus:
I. Verstöße gegen die Formenlehre.
   A. Fehlerhafte Wortformen.
   B. Gekünstelte Wortbildungen, fehlerhafte Anwendung der Wörter.
II. Verstöße gegen die Elementarregeln der Satzlehre.
   A. Auslassung des Artikels und Personalpronomens.
   B. Fehlerhafte Satzverkürzungen.
   C. Fehlerhafte Wort= und Satzstellung.
III. Unklarer und unschöner Stil.
   A. Zweideutigkeit.
   B. Unverständlichkeit, Undeutlichkeit, Schwerfälligkeit.
   C. Monotonie, Pleonasmus, Tautologie.
IV. Fehlerhafte Tropen und Unsinn.
   A. Mißbrauch der Synekdoche.
   B. Fehlerhafte Bilder.
   C. Unsinn.

Durch diese Einteilung werden die einzelnen Gruppen so strenge geschieden, als es eben möglich ist; sie ganz zu scheiden, ist aber unmöglich; denn manches Beispiel enthält Fehler verschiedener Art und muß daher in diejenige Gruppe genommen werden, der es mehr entspricht, oder, wenn es jeder gleich nahe liegt, in jede.

I.
Verstöße gegen die Formenlehre.

A. Fehlerhafte Wortformen.

Die Formenlehre ist die conditio sine qua non für die Grammatik. Jeder Gebildete soll sie, wenn er sie auch in der Theorie nicht inne hat, doch in der Praxis richtig anwenden. Dennoch sündigen selbst namhafte Schriftsteller in gröbster Weise gegen sie. So schreibt Rosegger, „gleitete" für „glitt" (Mann und Weib: Als Hans die Grete nahm), und Schubin „Schäler" für „Schalen" (Die Glabrizzi). Fehlerhaft ist es auch, daß Paul Heyse „schmelzen" in transitiver Bedeutung stark konjugiert: „Er schmolz Allen das Herz" (Die Einsamen), und Baron Roberts „herabneigen" ohne Reflexiv gebraucht (Revanche).

Der in der Zeitungssprache so häufige Mißbrauch, gewisse Adjektiva zu steigern, die das nicht vertragen, findet sich auch bei Erzählungsschriftstellern: Alberti: „Die bestzahlendste Zeitschrift" (Wer ist der Stärkere?)

Friedmann: „O daß die vereintesten Menschen doch auch die getrenntesten sein können! (Zwei Ehen).

Entspringen diese Fehler zumeist der Nachlässigkeit, so sind folgende wohl absichtlich gemacht worden: Dahn: „Mich ekelt des Lobes der Anderen" (Frigga's Ja), ein unstatthafter Latinismus; Baron Liliencron: „den Verfasser erinnerte er nicht" (Breide Hummelsbüttel) statt: Des Verfassers entsann er sich nicht. Eine Konstruktion, die dadurch, daß sie in Holstein gebräuchlich ist, noch keineswegs die Berechtigung hat, in die Schriftsprache aufgenommen zu werden.

Recht tadelnswert ist es auch, wenn manche Autoren trennbar zusammengesetzte Verba dort, wo sie zu trennen sind, nicht trennen, eine Freiheit, die nur in der gebundenen Rede gestattet ist. So schreibt Keller: „Er anbefahl" (Das Sinngedicht), Rosegger: „Aufbrauste er" (Mann und Weib: Felix der Begehrte), Richard Voß: „Anrückt jetzt die Schaar der Kosmeten . . ., abfällt die Hülle, eintauchen die Glieder" (Scherben: Domina und Madame).

B. Gekünstelte Wortbildungen, fehlerhafte Anwendung der Wörter.

Noch mehr bethätigt sich die Sucht mancher Schriftsteller, originell zu scheinen, in dem Bestreben, neue Wortformen zu bilden. Die deutsche Sprache ist zwar reich genug, immerhin aber kann man es nicht tadeln, wenn sie mit bezeichnenden, sinnlich lebendigen Wörtern beschenkt wird. In der Poesie wird man diese stets gerne sehen, in der Prosa aber nehmen sie sich leicht geziert oder gar schwülstig aus und sollen daher nur mit der größten Vorsicht gebraucht werden. Das geschieht aber keineswegs. Je ungewöhnlicher, desto besser, das scheint der Grundsatz so vieler Schriftsteller zu sein. Warum schriebe Franzos sonst „Artung" für „Art" (Junge Liebe: Die braune Rosa), Jordan „Verliebnis" für „Verliebtheit" (Die Sebalds), Rosegger „Ödnis" und „Starrnis" für „Öde" und „Starrheit", „geruhsam" für „ruhig" oder gar „thaten" für „thun" (alles in „Mann und Weib")! Warum ferner schriebe Baron Roberts „abgehagert" für „abgemagert" und ganz unstatthaft „heulartig" und „klagartig" (Revanche)! Warum Jensen „Behaben" (In der Fremde) und „Betreiben" (Runensteine) für „Gebahren", „belogen" für „gelogen" und „reglos" für „regungslos" (in seinen neueren Büchern fast durchwegs), „unrastig" für „rastlos" (Die Heiligen von Amoltern), „anhellen" für „beleuchten"! (Jahreszeiten). Die von ihm neu gebildeten Wörter „schatten" für „Schatten geben" (Aus stiller Zeit: Aus verblichener Schrift), „nebelnd" für „nebelig" (Aus stiller Zeit: Ein Traum), „zerschwinden" für „zergehen", „zusammenschwinden" (Aus stiller Zeit: Unter den Schatten), nähmen sich in der Poesie vielleicht ganz gut aus, in der Prosa aber befremden sie. Sehr tadelnswert ist das von ihm geschaffene Wort, „sonnenverhängt" (Jahreszeiten); denn in Adjektiven, die aus einem Verb und einem Substantiv zusammengesetzt sind, pflegt dieses das logische Subjekt, jenes das Prädikat zu sein, z. B. „meerumschlungen", d. h. vom Meere umschlungen, „sonnendurchglüht", d. h.

von der Sonne durchglüht; demgemäß müßte man in diesem Falle sagen: von der Sonne verhängt; das wäre aber krasser Unsinn; Jensen will mit seinem Worte natürlich sagen: gegen die Sonne verhängt.

Denselben Fehler begeht Schubin in dem Ausdruck „mit herzgebrochenem Blick" (Unheimliche Geschichten: Die Schlange).

Großes in der Bildung neuer Worte leisten Vacano und Graf Stadion in ihrem gemeinsam herausgegebenen Buche „Dornen". Da heißt es: „lachzitternd", „lachverbissen", „lachgroß", „zuckergeifernd", „großdamig", „veitsen" (für „veitstanzartige Bewegungen machen"), „hallen" für „sprechen".

Um die Bereicherung des polemischen Wortschatzes macht sich Bleibtreu in einer Weise bemüht, die den Neid Scherr's erregen würde, wenn er noch am Leben wäre; sein Roman „Größenwahn" enthält die vermutlich genial sein sollenden neuen Verba: „raubrittern", „schlampampen", „kritikastern", „drängeln", „zerknirpsen", „übervornehmen", „durchweihräuchern", „kindischen", „wortwitzeln" und „stammgasten"; Worte, denen sich Conradi's Schöpfungen: „angeulkt", „wortspielig", „hökern" (Phrasen) und Alberti's „zelten" (?) (Wer ist der Stärkere?) würdig anreihen. Auch Baron Liliencron gefällt sich in burschikosen Ausdrücken. In seinem Roman „Breide Hummelsbüttel" weiß er in sechs Verszeilen fünf neue Wörter zu bringen:

„Zipfelt hinter jenem Baum
Deines Mitbewerbers Saum,
Höhnisch lach dem Sichverberger,
Daß er stickt vor Wut und Ärger;
Tigert er auf dich hinaus,
Tatz ihn wie die Katz die Maus."

Dem „Sichverberger" gebührt unter diesen fünf Wortperlen entschieden die Krone; das geht noch über Friedmanns famoses Verbalsubstantiv „Das Sichmitsichselbstbeschäftigen" (Zwei Ehen).

Ganz eigentümlich ist das Bestreben E. von Wald-Zedtwitz', gewisse unnachahmliche Laute, so die der Schlacht, durch Lautmalerei wiederzugeben. Er hat zwar offenbar die gute Absicht den Stil dadurch lebendig und anschaulich zu machen, erzielt aber keineswegs den gewünschten Erfolg, sondern wird geradezu läppisch und lächerlich. So sucht er das Donnern der Geschütze und das Knattern der Gewehre auf folgende Weise auszudrücken: „Bumm-bumm-bumm-krrrrr-krrrrr-krrr- piff-paff-krrrrrr-schschschschsch-bumm" (Hurrah: Unterm Kanonendonner), „knack-knack-knackknackknack (Hurrah: Vor Metz), „bum-zschzschzschzsch-krrrrrrr-krrrrr-zsch-zsch- zsch-zsch-bum-bum-bum (Hurrah: Geeint); das Sausen der Kugeln durch): „Ssssssss-ssssssss" — also 19 „S!" — (ebenda); das Wiehern des Hengstes durch: „hi-hi-hi" (Hurrah: Das Gewissen); die Reveille durch: „Tataraaateraateratatata" (Hurrah: Sein Dachs); das Angriffssignal durch: „taatiiitaaaata-taatiiitaaaa-taaa-aa-aa-ta-ti-taaa-taata" (Hurrah: Das Gewissen). Man versuche das alles laut zu lesen und man wird einsehen, wie unpassend sich derartige Onomatopoëtika in der Schriftsprache ausnehmen.

Noch deutlicher als in der Bildung fremder Wörter zeigt sich die Sucht nach Ungewöhnlichem in dem Bestreben mancher Schriftsteller, für die bezeichnenden Ausdrücke weniger bezeichnende oder gar solche zu wählen, deren Sinn ein ganz anderer ist — wenn sie nur ungewöhnlich sind! — So setzt Ebers in seinem Idyll „Eine Frage", wenn er eine Farbe bezeichnen will, nach dem Vorbilde der Voß'schen Homer-Übersetzungen stets das unbestimmte Adjektiv statt des bestimmten, offenbar dem antiken Inhalte zu Liebe. Er spricht vom „bräunlichen Thon," vom „bläulichen Peplos," vom „gelblichen Marmor" und von den „röthlichen Rübchen."

Auch zu Mißverständnissen kann die willkürliche Vertauschung der Wörter führen. So gebraucht Keller „Abendland" für „Abendlandschaft"; unter „Abendland" versteht man aber den Westen im Gegensatz zu „Morgenland" und nicht eine Landschaft im Abendsonnenscheine, wie es hier gemeint ist.

In besonderem Grade fröhnt Jensen dieser Unart. Er schreibt: „Es liegt etwas absonderlich Anblickendes in ihrer Gelassenheit" (Aus stiller Zeit: Lycaena Silene); es soll wohl heißen: Anmutendes; störend ist: „Es flimmert Einem wie unter einem Schleier über den Augen" statt: „vor den Augen" (Aus stiller Zeit: Aus verblichener Schrift); ganz falsch gebraucht er das Verbum „sprechen" statt „sagen" in dem Satze:

. . . . der ihr besorgt sprach, sie sehe blaß aus.
(In der Fremde)

mit Vorliebe setzt er ferner die negativen Ausdrücke: „glücklos", „lichtlos", „falsches Verständnis" für die positiven: „unglücklich", „finster," „Mißverständnis" (ebenda); die Negation verstellt er in:

Alle Vorgänge des Lebens weckten noch keine Teilnahme in ihr. (Jahreszeiten) ferner in: „**Kein Laut von irgendwo**" statt; nirgendher ein Laut (Runensteine); auch schreibt er, um nur ja nicht zu sprechen wie andere Leute, höchst plump: „die Luft war Gesundheit **enthaltend**," statt einfacher und schöner: „war gesund" (ebenda); ebensowenig genügt es ihm zu sagen: der Schrei oder der Ruf der Möve, er sagt tautologisch: „der **Rufschrei**" (ebenda); Jensen hat eben seine eigene Terminologie! Wie weit sich aber seine Originalitätssucht versteigt, zeigt folgendes Beispiel am besten. Statt: „in einem Augenblicke" schreibt er ganz unsinnig: „im Blick eines Herzschlags" (In der Fremde). Weiter kann die Unnatur wohl nicht getrieben werden!

II.
Verstöße gegen die Elementarregeln der Satzlehre.

A. Auslassung des Artikels und Personalpronomens.

Auch die Auslassung des Artikels und Personalpronomens entspringt fast immer absichtlicher Originalität.

Auch hierin leistet Jensen Großes. In seinen neueren Erzählungen läßt er den Artikel aus, wo immer er nur kann. So schreibt er:

> Sie wußte, daß | rauhes Scheltwort sie erwarte.[1])
> (Aus stiller Zeit: Ein Traum)

> Es war eine weibliche Handschrift .... und | alte im Beginn leicht zitternde Hand hatte sie verfaßt.
> (Aus stiller Zeit: Aus verblichener Schrift)

> Hier und da flammt eine Tulpe glühender Kerze ähnelnd empor. (Aus stiller Zeit: Unter den Schatten)

---

[1]) Das Zeichen | bedeutet die Auslassung eines Wortes, falls diese nicht sonst bemerkbar ist.

Unbegreiflich widersinnig war es | lichte glänzende Sonne, die in die Winternacht hereinbrach.

(Aus stiller Zeit: Unter den Schatten)

Dann faßte ihn Halbschlaf, in welchem er schon | späten Schlag der Stunde vernahm. (ebenda)

die Dankesäußerung ... erbat den Segen des Höchsten für sie und gab ernstfreudiger innerer Bewegung des Sprechers | einfachen, vom Herzen kommenden Ausdruck.

(In der Fremde)

Blaß, doch genesen saß sie auf hölzernem Stuhl.

(ebenda)

Selbst bei Ordnungszahlen und beim Superlativ läßt Jensen den Artikel aus:

Es ist ungefähr | neunte Abendstunde. (ebenda)

Sie empfand | nagendsten Hunger. (Runensteine)

Auch wenn wunderlichster Schatten hineinfiel.

(Jahreszeiten)

Auch Jordan ist diese Unart nicht fremd. Er schreibt:

Unbedingtes Nein wäre | zu kühne Antwort gewesen.

(Die Sebalds)

Was Jensen mit dem Artikel, thut Rosegger mit dem Personalpronomen.

Wenn er von einem Subjekte zwei Aussagen macht, deren erste ein verbum dicendi ist und eine direkte Rede zum Objekte hat, so setzt er sie nicht zu einem Satze zusammen, sondern stellt die zweite selbständig in eine neue Zeile. Ist die vorhergehende direkte Rede umfangreich, so kann dieses Verfahren nur gebilligt werden; denn das zweite Verbum würde in diesem Falle unbeholfen nachhinken. In jedem Falle aber muß dieses, sobald es selbständig auftritt, ein grammatisches Subjekt haben. Es ist somit entweder das Subjekt der ersten Aussage, welches ja logisch das der zweiten ist, zu wiederholen, oder dafür das Pronomen zu setzen. Das thut Rosegger aber keineswegs. Er stellt die zweite Aussage ohne grammatisches Subjekt hin und knüpft sie mit „und" an die erste, als wäre sie das losgetrennte zweite Hauptglied eines zusammengesetzten Satzes. Nur der große Anfangsbuchstabe und der neue Absatz deuten auf die Selbständigkeit dieses Satzrudiments. So schreibt er:

„Der arme Anton Obersdorfer!" murmelte er dann, „so frühzeitig hat er sterben müssen; schlaf wohl, Anton Obersdorfer, dich findet Keiner mehr."
Und ging weiter.
(Mann und Weib: Der Hinterschöpp)

Derlei bittere Klagen brachte der Schulmeister vor . . . . denn mit Gutem richte er bei dem Unding nichts aus.
Und stolperte davon. (ebenda)

Morgens sagte er: „Gieb dieweilen Acht auf die Toni"
Und ging. (ebenda)

„Kunnt aber Einer sein", rief der erste Knecht zu ihm herüber. „Und lieber wirst leicht doch Herr Hauptmann heißen als wie Schinder-Demi."
Und dängelte[1]) weiter."
(Mann und Weib: Der Liebste ist mein Glaube)

So schrie in ihm sein Gewissen und rang mit dem racheglühenden Herzen. Er wehrte beiden ab: „Laßt mich, laßt mich, ich will schlafen!"
Und stieg nieder . . .
(Mann und Weib: Der Flößer-Hans)

---

[1]) dängeln = Sensen schärfen.

Hier ist die erste Aussage: „wehrte ab" zwar kein verbum dicendi, hat aber die Bedeutung eines solchen. Häufig ist dieses erst zu ergänzen; denn Rosegger läßt es aus und setzt bloß das Objekt, die direkte Rede. Somit knüpft er das folgende Satzrudiment mit „und" an eine Aussage an, die grammatisch gar nicht mehr vorhanden ist:

Er streckte den Zeige- und den langen Finger seiner linken Hand aus, und mit dem Zeigefinger der rechten schlug er auf jene [1]) (und sagte): „Ist's so g'angen, nachher geht's auch so."
Und schwieg. (Mann und Weib: Der Hinterschöpp)

Ein paar Bauern redeten ihn an, ob er zu haben wäre zum Holzspalten, zum Köhlern, zum Strohdachdecken. — „Wenn's nicht just auf der Stell sein muß, recht gern" (erwiderte er).
Und hatte Arbeit. (ebenda)

„— — — So ziehen wir die Nägel heraus" (antworteten die Rekruten).
Und hatten schon die Beißzange weg. (ebenda)

„— — — Das brauch ich nicht, so ist es besser" (rief er).
Und schleuderte sie über das Geländer.
(Mann und Weib: Hier auf dieser Straßen hat mich Gott verlassen).

Wenn Rosegger von einem Gespräche zweier Personen erzählt und eine Aussage macht, die beide zugleich betrifft, also beide zusammen als Subjekt hat, so setzt er dieselbe selbständig, ohne Subjekt hin und knüpft sie mit „und" an die vorhergehende Wechselrede an, wiewohl sie in diesem Falle dem zweiten Gliede eines zusammengesetzten Satzes nicht einmal ähnlich sieht; denn auch in diesem müßte das Pronomen stehen, weil das Subjekt

---
[1]) Die eingeschaltete Aussage fehlt bei Rosegger.

jetzt ein neues ist, nämlich ein Plural, während die vorhergehenden Subjekte im Singular stehen:

> „Geh nur jetzt, hast noch weiten Weg," sagte der Schöpp, „die Mutter laß ich grüßen und schaut mir gut auf die Wirtschaft. Und gingen auseinander.
> (Mann und Weib: Der Hinterschöpp)

> ... „Nur brav gießen" rief die Frau herein; „die Blumen werden schon genug haben, aber der junge Kohl wird was brauchen. Und gingen fürbaß.
> (Mann und Weib: Der Liebste ist mein Glaube)

Auch das unpersönliche Pronomen „es" läßt Rosegger mit Vorliebe aus:

> Der Wagen ... hat einen prächtigen Polstersitz für Zweie. | Sitzt aber nur Eines darauf. Thut nichts.
> (Mann und Weib: Felix der Begehrte)

> | War schon recht dunkel, als der Wirt zurückkam.
> (Mann und Weib: der Flößer-Hans)

> Mancher der Jäger hatte aus reinem Uebermut ins Horn gestoßen, | war aber verboten. (ebenda)

also mancher der Jäger war verboten! —

Die Unart, das Pronomen auszulassen ist für Rosegger charakteristisch und macht sich in seinen Arbeiten zu oft bemerkbar, um nicht absichtlich zu sein; das aber verträgt sich mit seiner vielgerühmten Einfachheit und Natürlichkeit sehr schlecht!

Vereinzelt und unter anderen Verhältnissen findet sich die Auslassung des Pronomens auch bei anderen Schriftstellern: Baron Roberts:

> Als sie ihrem Manne die Absicht kund gab, sah sie | wie einen Strahl freudiger Ueberraschung über sein Gesicht gleiten.
> (Revanche)

was sah sie wie einen Strahl gleiten? Hier fehlt das Objekt; es müßte entweder durch das Pronomen „es" ersetzt oder aber die adverbiale Bestimmung der Weise durch Auslassen des „wie" zum Objekte gemacht werden. — Richard Voß:

> Ernst ... bot mir ... seine Hilfe an und ich schlug | nicht aus. (Scherben: Der Mut der Sünde)

dies Verbum „ausschlagen" bedarf in diesem Falle eines Objektes; denn die intransitive Form hat eine ganz andere Bedeutung. — Jensen:

> Ihr Wuchs ging rasch in die Höhe, doch blieb | von ängstlicher Schmächtigkeit. (Runensteine)

die Konjunktion „doch" fordert ein eigenes Subjekt; es müßte daher heißen: „doch blieb er von ängstlicher Schmächtigkeit." Wohl aber hätte Jensen auch schreiben können: blieb aber von ängstlicher Schmächtigkeit. Denselben Fehler begeht er in dem Satze:

> Sie hatte noch nicht begonnen sich auszukleiden, doch beschäftigte | sich ebenfalls noch mit einem Buch. (Jahreszeiten).

B. Fehlerhafte Satzverkürzungen.

Kürze des Ausdruckes ist für einen Schriftsteller gewiß eine sehr lobenswerte Eigenschaft, in so ferne sie nicht die logische und grammatische Deutlichkeit schädigt. Das geschieht aber nur zu oft.

Besonders das Partizip verführt zu unstatthaften Verkürzungen. So wird das Partizip der Gegenwart fälschlich auf vergangene Handlungen angewendet. Spielhagen:

> Neben Marie tretend, ... sang Ada. (Ein neuer Pharao)

Besonders aber auf zukünftige:

> Ada war in die Gesellschaft zurückgetreten, den Dank derselben entgegennehmend. (Ein neuer Pharao)
>
> Reginald stellte sie der Schwester vor, hinzufügend ... (ebenda)

Dahn:

> Da zog in des Wanderes breite Brust allüberwältigend Erbarmen, jede andere Regung verdrängend. (Friggas Ja)

Recht plump wendet Jensen das Partizip der Gegenwart statt eines Relativsatzes an:

> ... eine weibliche Gestalt, die einzige rundumher vorhandene ... (In der Fremde)

Noch schwerfälliger schreibt Baron Liliencron:

> Hedwig, ihm kein Wort gönnend, alle ihre Kraft zusammennehmend, schwankte nach dem Schlosse;
>
> (Breide Hummelsbüttel)

ferner:

> Eng geteilt, nicht vor-, nicht rückwärts, nicht nach den Seiten, des Wassers wegen, sich bewegen und ausweichen könnend, hielt fast die gesamte Ritterschaft auf dem Damme. (ebenda)

Nicht genug kann es getadelt werden, wenn die Partizipialkonstruktion in Adverbialsätzen angewendet wird, die nicht dasselbe Subjekt haben wie der Hauptsatz; denn so entstandene Partizipien haben kein logisches Subjekt. Richard Voß:

> In die Blitze sehend, auf die Donner lauschend, blühte für sie nicht der Flieder.
>
> (Scherben: Des Meeres und der Liebe Wellen)

Keller:

> Sich des Zettels erinnernd, den ihr Reinhardt gegeben hatte, rötete sich ihr Gesicht. (Das Sinngedicht)

Jensen:
> Gelbsandigen Weg hinan, | etwa eine Viertelstunde lang, dann liegt es dem Rückgewendeten zu Füßen.
> (Aus stiller Zeit: Ein Traum)

Das subjektlose Partizip „gehend" ist hier zu ergänzen. Seltener wird der Infinitiv zu unstatthaften Verkürzungen verwendet: wenn sich nämlich das Subjekt des Nebensatzes auf kein Wort des Hauptsatzes bezieht, und ein Mißverständnis nicht ausgeschlossen ist. Schapira:
> Er glaubte mich verhöhnt zu werden.
> (Der Überfall)

Nicht mißzuverstehen aber auch nicht nachzuahmen sind nachfolgende Sätze. Bleibtreu:
> Der Verstorbene hat mein Wort, bis zu einer gewissen Frist den wahren Namen des Dichters zu verschweigen. (Größenwahn)

Wachenhusen:
> Schon die Nähe des Doktors genügt, um sich wohl zu fühlen.
> (Der türkische Kosak)

Nicht zu empfehlen ist die Auslassung der Kausalpartikel. Dahn:
> Nun aber | du mich liebst, ist Alles gut. (Frigga's Ja)

Ganz unrichtig schreibt Heiberg:
> Er wußte, wenn er Ernst' die Bücher und Kasse führte, nach dem Rechten sah und seinem Bruder mit seinen geschäftlichen Erfahrungen zur Seite stand, sich Alles zum Besten wenden werde.
> (Liebeswerben: Peter Brede)

Hier ist die Konjunktion „daß" ausgelassen; der Nebensatz sollte daher die Wortfolge der indirekten Rede haben. Ist dies, wie hier, nicht der Fall, so macht es den Eindruck, als habe der Verfasser die Konjunktion einfach vergessen.

Offenbar einem Dialekt=Gebrauche (Berlin?) zu folge schreibt Westkirch:

> Das machte, die Luft ging da oben schon recht scharf.
> (Rauch): Der Kuß eines Kindes)

> Das macht, er hat drinnen dem Betzold tüchtig Bescheid gethan.
> (Rauch): Das Recht der Liebe)

Hier vermißt man die Konjunktion „weil"; denn „das macht" sagt doch wohl dasselbe wie „das kommt daher", und da erwartet man unwillkürlich ein „weil" darauf, da kein Doppelpunkt folgt.

Die Möglichkeit, das Relativ, wenn es von einer Präposition abhängig ist, mit dieser in ein Relativ=Adverb zusammenzuziehen, verführt nicht selten zu unstatthaften Verkürzungen: Keller:

> Als Reinhardt in den hellen Morgen hineingezogen, wo hier und da Sensen blinkten. (Das Sinngedicht)

Ebers:

> Die glühende Blume, wonach du strebst. (Die Nilbraut)

Gewöhnlich aber hat das Relativ=Adverb demonstrative Form: Boy=Ed:

> Ein Kreis von fünfzig Personen, davon die Damen in großer Toilette erschienen waren. (Ich)

Voß:

> ... Kleider und Schmuck, darin Domina heute Rom entzücken wird. (Scherben: Domina und Madame)

Sehr stark fröhnt Gräfin Ballestrem dieser Unart

> ... ein Zimmer, darin kostbare Möbel standen.
> (Die blonden Frauen von Ulmenried)

> Das Haus, darin meine Kinder geboren sind.
> (Die blonden Frauen von Ulmenried)
>
> ... enge Korridore, darin zur Nacht Ratten ihr Wesen trieben. (ebenda)
>
> Die Touristen mit ihren Bädekers, darein sie ihre Nase stecken. (ebenda)
>
> ... auf den Tisch, daran er sich gesetzt. (ebenda)
>
> ... an die heimische Scholle, darauf sein Ahnenschloß stand. (ebenda)
>
> ... mit hohlen Wangen, darauf rote Fieberflecke brannten. (ebenda)
>
> Es war auf Kapri, darauf Tiberius gehaust. (ebenda)
>
> Dann kam der Frühling mit Veilchenduft und Lerchengesang, dazu schwedische Geschütze das Akkompagnement bildeten.
> (ebenda)

In unerlaubter Weise macht Baron Roberts von der Ellipse Gebrauch:

> Gertrud schämte sich, ihr braves Mütterlein zur Zeugin ihres verblassenden Glückes zu machen; nur den leichten Stoßseufzer | : ... (Revanche)

„that sie" ist zu ergänzen. Aus der Konstruktion fällt derselbe Verfasser in dem Satze:

> Es war ein Fünfziger von hagerer, nervöser Gestalt, leicht nach vorne gebeugt, dunkle unruhige Augen, ein predigerhaft geschwellter Mund, Kinn und Wangen bartlos. (ebenda)

es sollte entweder heißen: „mit dunklen Augen, ... geschwelltem Munde, bartlosem Kinn und ebensolchen Wangen" oder: „er hatte dunkle Augen u. s. w."

C. Fehlerhafte Wort- und Satzstellung.

Ganz außerordentlich zahlreich sind die Verstöße, die gegen die Gesetze der Wortstellung gemacht werden, und zwar selbst von bedeutenden, ja berühmten Schriftstellern.

Sie entspringen teils der Nachlässigkeit, teils der Absicht, teils auch beiden. So schreibt Wachenhusen:

>Die Elne bedrängte unbewußt mich so, daß . . .
>(Der türkische Kosak)

>Liebte Erwine mich, so mußte sie mir ein Rendez-vous geben. (ebenda)

Hier ist zu bemerken, daß „mich" dem Sinne der Erzählung nach durchaus nicht hervorgehoben werden soll.

Samarow:

>Das Glück, das so lange dem armen, jungen Mann hartnäckig sein Gesicht verhüllt hatte. (Ritter oder Dame)

>Der junge Mann, welcher von Jugend auf durch fleißiges Studium sich umfassende Kenntnisse erworben hatte. (ebenda)

>Es war so schwer für den unbekannten jungen Mann, sich einen Weg zu bahnen. (ebenda)

Spielhagen:

>Sie war von ihrem Sessel hinabgeglitten zu seinen Füßen.
>(Das Skelet im Hause)

>Sie war so schön wie der Gestalten eine, die sein trunkenes Herz sah in nächtlichen Stunden. (ebenda)

Wilbrandt:

>Nun erst sah Gabriel in dem Raume sich um.
>(Die Verschollenen)

Paul Heyse:
> ..., der freilich mit Religionsansprüchen sie völlig verschonte. (Die Einsamen)

Storm:
> Er hatte den Brief ihr aus der Hand gerissen. (Eckenhof)

Heimburg:
> Als die Großmutter ihren Kranz niedergelegt hatte auf den grasbewachsenen Hügel ...
> (Unter der Linde: Aus meinen vier Pfählen)

Haidheim:
> Unterdeß durfte der Patient nicht ein Wort erfahren von dem Leide, welches das ganze Haus in Trauer setzte.
> (Im tiefen Forst)

> Sie brauchte nur neben ihm zu sitzen ..., seine Arznei ihm zu reichen ... (ebenda)

> Ernst hatte gesehen, wie ein Schatten über ihre Züge flog, der fast wie Mißgunst ihm erschienen war. (ebenda)

> Er sah nach jener Seite kaum noch. (ebenda)

Baronin Ebner-Eschenbach:
> Rasch ging die Arbeit mir von der Hand.
> (Miterlebtes: Ihr Traum)

> Nach Wien, wohin für den ersten Oktober eine Verabredung mich rief. (ebenda)

> Ich hatte nicht einen Schritt ihr entgegengemacht. (ebenda)

Keller:
> Da außer einem Bäckerjungen man niemals einen Menschen zu ihr kommen hörte ... (Das Sinngedicht)

Rosegger:
> Er selber am wenigsten weiß es.
> (Mann und Weib: Die Braut von Kain und Abel)

für den jungen Mann ein neuer Anzug war bestellt.
(Mann und Weib: Felix der Begehrte)

Helene hatte den rechten Arm als Kissen gelegt unter ihr Haupt.
(Mann und Weib: Der Liebste ist mein Glaube)

Jensen:

Der Boden, auf dem das Ganze und ich mit damals fußte, ist unverändert geblieben.
(Aus stiller Zeit: Unter der Schatten)

Vier Monate kaum hindurch hatten Winter- und Frühlingstage sie zusammengeführt gehabt. (ebenda)

So ging leise in Wort und Klang und Gedanken das Schöne ihr auf. (Aus stiller Zeit: Ein Traum)

Sie wußte, daß rauhes Scheltwort, ein plumper Schlag vielleicht sogar sie bei der Rückkehr erwarte. (ebenda)

Nun quoll plötzlich eine überraschende Lichtfülle ihm entgegen.
(Jahreszeiten)

Ebenso kam von der Hausthür her ihm Tenna entgegen.
(ebenda)

Baron Redwitz:

Ach Erich noch nicht meinen Segen brachte ich Euch.
(Haus Wartenberg)

Haben Sie auch diesen mir hierher gebracht? (ebenda)

Jordan:

Mit willkommenem Zauber lullt dies Zwielicht auch den Wachenden ein in eine selbstvergessene Schlummerstimmung.
(Die Sebalds)

Nach dem Wenigen, was wir wissen von den eleusinischen Mysterien. (ebenda)

Ebers:

Über Semestre's faltige Züge flog bei diesen Worten wie ein Hauch des Frühlings über den vom Winter entblätterten Garten ein Lächeln der Freude und Hoffnung. (Eine Frage)

Nachdem sein Zimmer hinter ihm lag, belastete ihn eigentümlich die Schwüle, welche über dem Hause brütete, schwer.
(Die Nilbraut)

Dahn:

An dem gleichen Abend, da Adalgoth im Gefolge des Königs die Sonne sinken sah über das mittelitalische Land auf der spes bonorum, stand auch in schimmervollem Sonnenuntergang auf dem Südabhange des Jsingberges, auf ihren Stab gelehnt, Gotho, die Hirtin. (Ein Kampf um Rom)

Sie waren, so schien es, angelangt am Ufer des Sees.
(ebenda)

Nicht entging diese Stimmung den Heerführern. (ebenda)

Da wendet blitzschnell der Gast das Auge, das Haupt ganz ab von ihr. (Friggas Ja)

Gar bald zog er — kaum war es dämmerdunkel geworden — an der Hand die Geliebte von dem lärmenden Festmahle hinweg. (ebenda)

In den herrlichen, weißen, den edelgebildeten Nacken wirft sie mit unwilliger Bewegung die Wellen, die kurzgebrochenen, des lichtgoldigen Haares. (ebenda)

Hier befremdet auch die Wiederholung des Artikels beim attributiven Adjektiv, ebenso wie in dem Satze:

Und sie drückt die schmalen, die zierlichen, die scharfgeschnittenen Lippen zusammen. (ebenda)

Fehlerhafte Wortstellungen finden sich ferner bei Baron Liliencron:

Zuweilen zitterte wie in einer Wellenbewegung ihr ganzer Körper. (Breide Hummelsbüttel)

Keinen Augenblick auch schlug die Fürstin vor, ... zu fliehen. (ebenda)

Kein besserer Schütze auch als er ... (ebenda)

> Du wirst noch kaum dich erholt haben von der Schreckens-
> nachricht. (Breide Hummelsbüttel)
>
> Kaum sich vor Wut zu bändigen wußten die freien Friesen.
> (ebenda)

Bleibtreu:

> Wozu das ganze Jahr noch hinschleppen eines elenden,
> kümmerlichen Daseins! (Größenwahn)
>
> Den Goldfischteich bestreuten dicht die pfirsichfarbenen Blätter.
> (ebenda)

Dieses Buch enthält aber noch weit ärgere Wort=
verstellungen. So heißt es in den Größenwahn=Phanta=
sieen Leonharts, des Helden:

> Mir bahnte den Pfad der erhabene Narr, wahnwitziger
> Wüstheit Meister mir, Caligula, mit dem thierischen Blick der
> übermenschlichen Frevel. Auch der großdenkende Cäsar=Apoll,
> die Künstlerbestie, die zum Klang des eigenen Lyraklimperns
> schwamm auf goldener Barke im Tiber, lotternd auf purpurnem
> Thalamus, weißstirnige Buhlerinnen, rosenbekränzt schamlos zur
> Seite — also zu bewundern das brennende Rom, von lebenden
> Fackeln entzündet: Nazarenergewürm, ans Licht gezerrt aus
> Katakomben, gepfählt, erwürgt, ans Kreuz genagelt, verpicht
> mit Stroh, und mit Naphta sodann übergossen. Dies Schau-
> spiel weckte ihm schauerlich schön dithyrambische Stimmung.
> Anschaulich entrollt studierte er so der Sinnenwelt schrecklichste
> Wonnen und Schrecken. Der Erkenntnis Aganippe er schlürfte
> in rinnenden Zähren, triefendem Blut. Im prächtigen Mord-
> brand suchte er den prometheischen Funken — — —. Der
> Üppigkeit süß entnervende Schauer mit markdurchrieselnder
> Ahnung der Furcht! Dir folgend, du Aristipp=Dionys, hab ich
> herrlichen Tod mir ersonnen. (ebenda)

Ob dies gedacht, gesprochen oder geschrieben worden,
wird nicht gesagt. Nun könnte man einwenden, dieser
Stil dürfe dem Verfasser nicht vorgehalten werden, er

habe eben den Leonharts zum Ausdrucke bringen wollen. Nun: wenn Leonhart so geschrieben, dann war er, der große Dichter, eben durchaus kein großer Stilist; denn daß er so gedacht oder gesprochen, ist wohl nicht anzunehmen; pflegt ja doch kein vernünftiger Mensch das eine oder das andere in dieser Weise zu thun. Nun war er allerdings ein abnormer, halbverrückter Mensch, kann somit in den Ausbrüchen seiner Selbstverherrlichung doch vielleicht so gedacht, gesprochen oder geschrieben haben! Dieser Einwand ist gewiß ganz berechtigt; es ist nur auffallend, daß auch eine andere Person dieses Buches, der Maler Rother, in ganz ähnlichem Stil denkt, spricht oder schreibt:

> O erschölle die grelle Posaune des Richters wie ein Schwertstreich mitten durchs Herz des Weltalls, wenn im bacchantischen Reigen den Äther durchrasen die Gestirne mit entfesseltem Flammenheer, scheiternd wie Orlogschiffe mit brennenden Masten, im unermeßlichen Raum, dem brandenden Chaos! O dann voll zu empfinden die Größe der Schöpfung, in ihrem Sturze, wie die gefällte Palme deutlicher zeigt den Schwung ihres Riesenwuchses! O zerschmettert zu werden zu einem Atome, das nur das Samenkorn eines künftigen Daseins! Losgelöst vom Staub in geistigem Wesen durch die versinkende Welt dahinzufliegen — zaghaft flatternd zuerst wie staunend und gaukelnd ein Sommerfalter schwebt um schwarze Ruinen — — — Wird nicht das Blut den Adern der bleichen Erde schöner entströmen in unversieglichen Wellen, als es träge jetzt sickert mit Fieberröte Gesundheit heuchelnd, tünchend die welken Wangen.
>
> (Größenwahn)

Freilich leidet auch Rother an Größenwahn! Sollte aber für diesen ein bestimmter Stil typisch sein? Ist man da nicht versucht in folgender Weise zu schließen: wenn

sich in einem Buche mehrere Personen derselben Ausdrucks=
weise bedienen, so ist das die Ausdrucksweise dessen, der
sie denken, sprechen, schreiben läßt, die des Autors, hier
also die Bleibtreu's.

Seltener als einzelne Worte werden ganze Sätze verstellt:
Spielhagen:
> Ännchen aber, als sie die Thür ins Schloß fallen hörte,
> war wie Jemand, der aus einer Betäubung erwacht, sich mit
> beiden Händen über Stirn und Augen gefahren.
>
> (Das Skelet im Hause)

Hier ist überdies das Wort „sich" verstellt.

> Reginald, nachdem er endlich widerwillig seine Zurück-
> weisung hatte eingestehen müssen, war ehrlich genug ...
>
> (Ein neuer Pharao)

Freytag:
> Und Reinhard, obwohl er als Mönch gewöhnt war seine
> Zunge zu hüten, konnte den Ausruf nicht unterdrücken ...
>
> (Die Ahnen: Das Nest der Zaunkönige)

Dahn:
> Aber Odhin, nachdem er all' die Pracht gemustert, er-
> griff schweigend seinen Speer. (Friggas Ja)

Baron Liliencron:
> Breide, während die Fürstin nach Bredenfleth gefahren
> war, hatte sich den Regenrock übergezogen.
>
> (Breide Hummelsbüttel)

Diese zwei Beispiele erinnern, nicht eben zu ihrem
Vorteile, an die lateinische Satzstellung. —

Baron Roberts:
> „Gertrud!" rief der Papa mit fast strengem Tone über die
> Unachtsamkeit. Er wünscht, daß Herr Jaminot auf die zuvor-
> kommendste Weise in seinem Hause aufgenommen werde! schien
> sein Ruf zu sagen. (Revanche)

— der letzte Satz hinkt nach; im vorausgehenden müßte der Konjunktiv stehen, da er von jenem abhängt.

Jensen:
> Aufmerksam behorcht ein Kreis die schon oft vernommene Wundermär aus fernen Landen, Schiffbruch an nackt glühender Felsenküste und wunderbare Rettung, von denen einer der Seeleute erzählt. (Aus stiller Zeit: Ein Traum)

Auch hier ist der letzte Satz nicht an seinem Platze, er sollte nach „Landen" stehen, wobei das Relativ natürlich in den Singular und vor „Schiffbruch" ein Doppelpunkt zu setzen wäre. Ein anderes Mal schreibt derselbe Autor:

> ... es kann auch ein Grabstein der Menschheit oder dessen, was man sich als gestorben vorstellt, sein. (Jahreszeiten)

Das spät nachhinkende „sein" stört sehr und daran trägt der nach „dessen" eingezwängte Relativsatz die Schuld.

Das Relativ wird überhaupt häufig verstellt, und mit ihm der ganze von ihm abhängige Satz. Dadurch aber, daß es nicht unmittelbar oder doch möglichst nahe hinter sein Beziehungswort gestellt wird, entstehen oft, selbst wenn Mißverständnisse ausgeschlossen sind, befremdende Härten. Jensen:

> Wir haben den Neubau nicht bezogen, der uns verleidet war. (Aus stiller Zeit: Aus verblichener Schrift)

Richard Voß:
> Die Diener halfen einer jungen Frau in grauem Reisekleide aus dem Wagen, an der nur die schlanke Gestalt auffiel.
> (Scherben: Des Meeres und der Liebe Wellen)

L. von Sacher-Masoch:
> Es war ein seltsames Bild, der zaghafte Student hoch zu Rosse, der jeden Augenblick die Zügel verlor.
> (Die Messalinen Wiens: Carolta)

3*

III.
Unklarer und unschöner Stil.

A. Zweideutigkeit.

Die Verstellung des Relativs ist auch häufig die Ursache arger Zweideutigkeiten: L. von Sacher-Masoch:

> Die schöne Frau, die brennende Zigarre im Munde, welche, in der Mitte der Sandbahn stehend, mit der langen Peitsche das Pferd antrieb. (Die Messalinen Wiens: Sarolta)

> Er zog den Schlitten ans Feuer, aus dem er einige Pelzdecken hervornahm.
> (Das Vermächtnis Kains: Der Kapitulant)

Dahn:
> Und er streichelte Hweltfula's glänzenden Bug, welchem Valeria Mähne und Schweif durchflochten hatte.
> (Ein Kampf um Rom)

D. von Geyern:
> Er machte seine Antrittsbesuche in der Gegend, die er ja doch nicht umgehen konnte. (Gräfin Reji)

> Daneben stand das Pfarrhaus, von Weinreben umrankt und von einem Garten mit anmutigen und schattigen Lauben umgeben, in welchem der Pfarrer Xaver sein beschauliches Leben führte. (ebenda);

Wo, im Pfarrhause oder im Garten?

Noch größere Gefahr für die Deutlichkeit bergen Personal- und Possessivpronomen und müssen daher mit äußerster Vorsicht gebraucht werden. Das geschieht aber keineswegs: Jensen:

> Seine Stirne suchte unbefangen zu verneinen, doch sie schüttelte ebenfalls den Kopf.
> (Aus stiller Zeit: Unter den Schatten)

Die Stirne hat also den Kopf geschüttelt! —

> Onkel Rollenhagen ist doch anders als unser Vater; sein Gemüt neigt mehr zur Milde. (In der Fremde)

„Sein" bezieht sich offenbar auf Onkel Rollenhagen; dennoch kann damit nur der Vater gemeint sein; denn jener wird als harter, starrsinniger Mann geschildert. — Ebers:

> Zu einem einzigen klangvollen Ton verschmolz sich die höhere Stimme der Einen mit der tieferen ihrer Gefährtin, und zwei schwarze Augen begegneten einander wieder voll munteren Spottes; denn sie wußten wol u. s. w. (Eine Frage)

Wer ist unter dem „sie" gemeint, die Augen oder die Mädchen?

> Hastig warf sie die Rosen, welche sie in der Hand gehalten hatte zu ihren Schwestern in ihren Schoß. (ebenda)

Hier bezieht sich das Possessiv das eine Mal auf „Rosen", das andere Mal auf „sie". — Wilbrandt:

> Ihre Lippen blühten von der Sonnenglut und lächelten ihrer weißen Gespielin zu. (Die Verschollenen)

Das „ihrer" könnte, wiewohl es grammatisch richtig ist, sehr leicht auf Lippen bezogen werden, was ein lächerliches Mißverständnis zur Folge hätte, da unter der Gespielin eine Katze gemeint ist. Noch lächerlicher schreibt Heiberg:

> Endlich waren der Postbote und die Zeitungsfrau benachrichtigt, die Lektüre eingepackt, der Kanarienvogel auf Bitten seiner kleinen Tochter dem Portier übergeben.
>
> (Eine Badereise)

Das „seiner" kann sich nach dem Gesetze der Grammatik nur auf das vorangehende Wort „Kanarienvogel", nicht auf das folgende „Portier" beziehen; die kleine Tochter des Kanarienvogels hat also gebeten, diesen dem Portier zu übergeben! Weniger lächerlich, aber desto undeutlicher schreibt Baron Liliencron:

> Der lange Reimar von Winerstedt schlug mit mächtigem Hieb seine Axt in die Halsberge des Junkers. Diese aber stak so fest, daß er den Häuptling zu Boden riß, ohne sie herauszerren zu können. (Breide Hummelsbüttel)

Setzt man statt der Pronomina die entsprechenden Substantiva, so zeigt sich die heillose Verwirrung, welche der willkürliche, gedankenlose Gebrauch der Pronomina hier angerichtet, aufs deutlichste. Es heißt dann: „Die Halsberge (diese) stak so fest, daß Reimar (er) den Häuptling zu Boden riß, ohne die Halsberge (sie) herauszerren zu können."

So kann es der Verfasser aber nicht gemeint haben, denn das wäre barer Unsinn. Nicht die Berge, sondern die Axt steckte fest, nicht Reimar reißt den Häuptling, also sich selbst, zu Boden, sondern der Junker, und nicht die Halsberge kann Reimar nicht herauszerren, sondern die Axt. Die durch die planlose Anwendung der Pronomina entstandene Verwirrung mag auch zu der fehlerhaften Verkürzung des letzten Satzes beigetragen haben; dieser darf nicht verkürzt werden, da er ein anderes logisches Subjekt hat (Reimar) als der Satz, von dem er abhängt (er = der Junker).

Der Verfasser hätte, um das, was er offenbar gemeint, logisch und grammatisch richtig auszudrücken, schreiben müssen: „Reimar .. schlug ... seine Axt in die Halsberge des Junkers; sie blieb aber so fest darin stecken, daß er von diesem zu Boden gerissen wurde, ohne sie herauszerren zu können."

In diesem Beispiele trägt auch das Demonstrativ zur Zweideutigkeit bei; ebenso in folgendem: Freytag:

> So verbot Tutilo im letzten Herbst dem Vater Bertram fernerhin in seinem Garten zu arbeiten, weil dieser sein Herz in sündiger Weise an die Obstbäume gehängt habe.
> (Die Ahnen: Das Nest der Zaunkönige)

Der Garten also hat sein Herz an die Obstbäume gehängt! und wessen Garten, der Tutilos oder der Bertrams?

Eine ähnliche komische Zweideutigkeit verursacht das Demonstrativ einmal bei Spielhagen. Da heißt es:

> Er ist sonst in geschäftlichen Dingen ein großer Esel. Dies weiß er zufällig von Leuten, die die Verhältnisse kennen müssen.
> (Ein neuer Pharao)

Er weiß also, daß er ein großer Esel ist, das scheint das „dies", wie es hier steht, doch zu sagen; in der That aber bezieht es sich auf etwas früher Gesagtes.

Das Partizip ist die Ursache der Zweideutigkeit bei O. von Geyern:

> Allen will ich's vergelten, was der liebe Gott so unverdient an mir gethan.
> (Gräfin Resi)

Durch einen Konzessivsatz wäre der Fehler leicht zu vermeiden gewesen.

Nach dem Gebrauche der Umgangssprache ganz richtig, aber dennoch zweideutig schreibt Wachenhusen:

> Ihre Gestalt mußte schlank und imponierend sein, so weit das unter ihrer Mantille zu beobachten war.
> (Der türkische Kosak)

Wo war der Beobachter? unter der Mantille? — Die adverbiale Bestimmung des Ortes kann hier ebenso gut auf das logische Subjekt, als auf das Prädikat bezogen werden. Die Anführung eines persönlichen Subjektes könnte die Zweideutigkeit vielleicht abschwächen, sie beseitigen nur eine andere Konstruktion, etwa:„ so weit ihre Mantille eben sehen ließ."

Ungenau und dadurch zweideutig drückt sich Ebers aus:

> Täglich trieben sie neue Spiele, wie auch das Meer an keinem Tage dem andern gleicht. (Eine Frage)

Daß das Meer an keinem Tage dem andern gleicht, ist sehr natürlich; denn das Meer und der Tag sind nicht vergleichbar, wohl aber das Meer an einem Tage mit sich selbst am anderen Tage. Ein anderes Mal läßt sich Ebers durch die Zweideutigkeit sogar selbst irre führen und fällt dadurch aus der Konstruktion. Er schreibt:

> Jedes seiner glühenden Worte durchzitterte die seine Seele marternde wilde und bange Erregung und gewann das Ansehen, als sei es tief und aufrichtig empfunden.
> (Die Nilbraut)

Das Subjekt kann hier dem Sinne nach nur „Erregung" sein; denn die Erregung kann wohl jedes der Worte durchzittern, nicht aber umgekehrt. Dadurch aber, daß der Verfasser das Subjekt nicht vor das Objekt gestellt hat, wie es geboten ist, wenn sich die beiden äußerlich nicht unterscheiden, hat er dieses für jenes gehalten und den zweiten Teil des Satzes demgemäß konstruiert; denn dessen Prädikat „gewann" kann sich nur auf „jedes" beziehen, wie das folgende „es" zweifellos andeutet. Richtig müßte es daher heißen: „Die seine Seele marternde wilde und bange Erregung durchzitterte jedes seiner glühenden Worte und gab ihnen den Anschein, als seien sie tief und aufrichtig empfunden."

B. Unverständlichkeit, Undeutlichkeit, Schwerfälligkeit.

Nicht bloß zweideutig, auch undeutlich, ja geradezu unverständlich drücken sich manche Schriftsteller aus. So schreibt Baron Liliencron:

> Es ist erwiesen, daß mein Vater nach Jahresfrist seiner, wie Ihnen bekannt, zweimaligen Trauung und, nachdem vor dieser Trauung die Ehescheidung von seiner ersten Frau zur That geworden war, geboren ist. (Breide Hummelsbüttel)

Der Vater ist also nach Jahresfrist seiner (eigenen) Trauung geboren worden! Das ist barer Unsinn. Und doch ist diese Auffassung grammatisch geboten; es sei denn, daß sich „seiner" auf „mein Bruder" im vorausgehenden Satze bezöge. Der Unsinn wäre aber in diesem Falle womöglich noch ärger; denn dann wäre der Vater des Sprechenden nach der Trauung des Bruders desselben, also nach der Trauung seines (eigenen) Sohnes geboren. Was meint nun der Verfasser? Aus dem Sinne der Erzählung ist zu entnehmen, daß er das Wort „seiner" auf „mein Großvater" bezieht, obwohl es mit diesem auch nicht im geringsten grammatischen oder logischen Zusammenhange steht.

In demselben Buche schreibt Liliencron noch ein zweites Mal ähnlichen Unsinn: Baron Breide erzählt von einem Streite seines Großvaters mit dessen Bruder Josias, also mit seinem Großonkel. Da heißt es:

> Mein Vater sei nicht mehr sein Bruder schrie Josias mit geballten Fäusten auf meinen Großvater zuspringend.
>
> (Breide Hummelsbüttel)

Der Großonkel Breides will also nicht mehr der Bruder des Vaters desselben, also seines Neffen sein! Das ist er ja ohnehin nicht! Übrigens hat sich der Verfasser hier im Satze selbst Lügen gestraft.

Durch das Partizip unverständlich wird folgender Satz: Jensen:

> Sie standen am Abend im Rücken des kleinen, sich gegen die dreifach seiner Kompagnie überlegene Bourbaki'sche Armee vertheidigenden Werder'schen Korps. (Götz und Gisela)

Der Verfasser hätte den Fehler durch einen Relativsatz leicht vermeiden können und dabei nicht dem Reflexiv Gewalt anzuthun gebraucht, indem er es auf ein Wort bezog, das erst folgte.

Gewöhnlich aber ist die Ursache der Undeutlichkeit und Unverständlichkeit — so widerspruchsvoll es auch zu sein scheint — in dem Bestreben nach Genauigkeit und Anschaulichkeit zu suchen. Manche Schriftsteller glauben dies nämlich am besten dadurch zu erreichen, daß sie möglichst viel auf einmal sagen. Während des Schreibens fallen ihnen für diesen oder jenen Satzteil immer wieder neue Merkmale ein, die sie dem Leser nicht vorenthalten zu dürfen glauben, und so pfropfen sie eine nähere Be=

stimmung auf die andere; reichen einzelne Wörter nicht mehr, so werden ganze Sätze eingeschachtelt. Da quillt denn ein Nebensatz aus dem anderen, der Hauptgedanke aber geht in diesem Wuste verloren, und, taucht er nach langer Zeit wieder auf, so weiß der Leser nicht, wohin er ihn thun soll. Er verliert den Zusammenhang, vom Überblick gar nicht zu reden, und muß die zusammengehörenden Satzglieder mühsam heraussuchen; es geht ihm, wie R. Hildebrand[1]) sich treffend ausdrückt, „der Atem des Mitdenkens" aus, und nur allmählich findet er sich in diesem Satzlabyrinth zurecht. Daß solche überhaupt zu stande kommen können, ist nur der gänzlichen Unkenntnis der stilistischen und logischen Gesetze zuzuschreiben; daß sie fortbestehen können, der stummen Geduld des Papiers; denn vorgetragen sind sie unmöglich, schon beim lauten Lesen macht sich ihre Unförmlichkeit in der widerwärtigsten Weise geltend.

E. von Wald-Zedtwitz:

> Die junge, bestimmt wunderschöne, nach dem heutigen Geschmack aber etwas zu leicht bekleidete Groß- oder Urgroßmutter, deren allzu aufdringliche Büste verschämt durch den silbernen Pokal unter der gekitteten Glasglocke, einem Ehrengeschenke des seligen Urahnen, dem Schrecken aller dienenden Geister, die verdammt sind, alle vier Wochen einmal dieses zerbrechliche Heiligtum der Familie, an welches die Hausfrau nicht mißzuverstehende Anspielungen auf Lohnabzüge im Falle unvorsichtiger Zertrümmerung knüpft, abzuwischen, nur nothdürftig lackirt, blickt mild aus prunkvollem Rahmen auf die sich mehrende Engigkeit hernieder.[2])   (Der civilisch-militärisch saure Mops)

---

[1]) Rud. Hildebrand: Vom deutschen Sprachunterricht.

[2]) Bei diesen umfangreichen Stilproben ist die Interpunktion der betreffenden Autoren beibehalten.

Nicht verständlicher schreibt Baron Torresani:

> Wer vermöchte die komische Wirkung zu beschreiben, welche die kleine Gestalt mit ihrem dünnen Organ, ihren falsch angebrachten Affekten, gänzlich unmotivierten Gesten, die nicht einmal immer bei der Sache blieben, indem sich Lieb-Albi ohne weiters kratzte, wenn es ihn juckte und sich einigemal mit dem Zeigefinger in die Nase fuhr — und dem Vortrage eines Normalschülers bei Deklamation eines Gedichtes hervorbrachte, das einen Recken mit einer Stentorstimme erfordert.
>
> (Aus der schönen, wilden Lieutenantszeit)
>
> In der That mußte ich, nachdem wir unter Gelächter und nicht ohne Schwierigkeiten uns in unsere Plätze hereingekeilt hatten, und während die Übrigen gleich Anfangs in einer — bei den Einen gezwungenen, den Anderen natürlichen — tollen Lustigkeit, wie sie sonst nur das Ende, nicht den Beginn der Tafelfreuden zu kennzeichnen pflegt, und im stolzen Bewußtsein, einen Eliteplatz errungen zu haben, sich die Hände rieben — auf ihren Stühlen herumwetzten — über die Lachsmayonnaise herfielen; während Buck und Falkoni, begleitet vom lauten Gelächter der ganzen Tischgesellschaft, unter die Stühle der Nachbarinnen griffen, um die Champagnerflaschen in ihren Eiskübeln, die zu postieren, man keinen anderen Platz gefunden hatte, zu rücken und zu drehen; während auch die noch immer sehr angegriffen aussehende Ida sich der wie ein Kreuzfeuer entbrennende Konversation mit Heldenmuth anschloß — (sie hatte wahrscheinlich Gründe dazu, sich zur Heiterkeit zu zwingen) — mußte ich, sage ich, mich in das Schicksal ergeben, welches in Gestalt des Regimentsadjutanten sich an meine Sohlen geheftet, entschlossen mich bis zu den Schatten zu verfolgen und auch dort nicht freizulassen. (ebenda)

Byr:

> Unerhörte Grausamkeit war es, daß Malvinens Vater ihr jeden Umgang mit Ernst verbot, daß er denselben einen Nichtsthuer nannte, weil er mit seinen fünfundzwanzig Jahren als Ingenieur noch keine feste Anstellung hatte, daß er ihn mit

seinem Haß verfolgte, obgleich die Ursache der Entzweiung, der einstige Freund und spätere Gegner, längst den Kampfplatz dem glücklichen Nebenbuhler geräumt, und vergrämt und zurückgesetzt in's Grab gestiegen war, ja daß er sogar die Beschränktheit der Verhältnisse, in welchen dieser seinen Sohn zurückgelassen, dem letzteren zum Vorwurf machte, andererseits auch dessen Aussichten auf die Zukunft durchaus nicht würdigen wollte, die zuversichtliche Hoffnung auf eine ergiebige Thätigkeit und nachhelfende Unterstützung seitens einer reichen Tante als schwindelhafte Vorspielungen hinstellte und sein Töchterchen durch einen Machtspruch, der keine Widerrede zuließ, auf den mit väterlicher Umsicht ausgewählten und begünstigten Freier verwies.

(Wie es weiter noch kam)

Verständlicher zwar, aber noch keineswegs klar schreibt derselbe Autor:

So durfte er sich doch dem Eindrucke unbeobachtet und unbefangen hingeben, den er im Umgange mit dem jungen Mädchen empfing, dessen liebliches Bild ihn nicht hatte verlassen wollen, sich immer lebhafter an die Stelle der anderen verblassenden Gestalt drängte und nun im näheren Verkehre noch bei weitem klarer und anmuthiger in allen Zügen wurde, die sich ihm einzeln offenbarten, ihn entzückten und doch nicht überraschten, denn in ihrem Zusammenhang ergaben sie ja nur die Verkörperung seiner Träume (ebenda)

Byr scheint es überhaupt gar nicht zu fühlen, wie unförmlich derlei Konstruktionen sind, wie sehr sie Ohr und Geist ermüden und beleidigen; sonst wendete er sie nicht so oft an. In einem anderen Roman schreibt er:

Seit er die Universität verlassen, und das geschah eben nach jenen stürmischen Vorgängen des Jahres achtundvierzig, die auch einen so schweren Einfluß auf das Schicksal seines Freundes und nunmehrigen Oberförsters genommen, hatte er sich wenig mehr mit theoretischen Studien befaßt und mit Ausnahme von ein paar mehr oder weniger bloß zur Schaustellung ausersehenen

Werken über Jagd- und Landwirthschaft zeigten sich auch keine
Anstalten dazu, in dem ganz mit Gewehrschränken, Waffen-
sammlungen, Jagdtrophäen, Holzstücken, Gesteinproben, auf
Waldwesen und Gebirgsleben bezüglichen Emblemen, Schnitze-
reien und bildlichen Darstellungen angefüllten, bei alledem doch
recht behaglichen Raum, dessen zwei große Eckfenster in dem
südöstlichen Thurm die schönste Aussicht über die waldreiche
Landschaft hin auf die heute nach dem luftreinigenden Gewitter
sich in besonderer Klarheit am Himmel abzeichnenden Alpen-
kämme boten. (Waldidyll)

Dann kam auch wohl ganz querdurch einmal die Bemerkung,
daß das Wetter zu halten verspreche und es für morgen eine
prächtige Jagd geben werde, oder Baron Schönlings senkte nach-
sinnend den Kopf und schloß sogar ein wenig die Augen, was
auf die Vermuthung hätte führen können, er folge dem an-
steckenden Beispiele seiner beiden unter dem Schreibtische schnar-
chenden Hunde, deren Ermüdung und schmutziges Fell auf die
weiten Birschgänge schließen ließ, die sie mit ihren die Spuren
der aufgeweichten Wege gleichfalls an seinen hohen Stiefeln
tragenden Herrn schon in aller Früh gemacht hatten. (ebenda)

Bequem in seinen Lehnstuhl zurückgelehnt, der eigentlich nur
so pro forma vor dem eigentlich als Cigarrenschrank dienenden
Schreibtische stand, sah er durch die blauen Rauchringel, die er
von Zeit zu Zeit emporblies, aus dem ihm zunächst gelegenen
Fenster, als ob er in tiefsinniges Erwägen der Mittheilungen
und Vorschläge seines Referenten versunken sei, so wenig
wichtiges dieselben, da ja das Gut hauptsächlich aus Wald be-
stand und die Bewirthschaftung desselben ausschließlich Sache
des Oberförsters war, auch enthalten mochten. (ebenda)

Schwerfällig und unklar schreibt ferner Gräfin Ballestrem:

Und doch war für Hans Ulrich dieses Gefühl gemischt mit
einem seltsam leisen Grauen, wie er es stets empfand, wenn
er einer Schlange ansichtig wurde, denn da jeder Mensch seine
kleine oder große Idiosynkrasie besitzt, und es Leute gibt, die

ihre Fassung angesichts einer Maus oder Spinne verlieren, so hatte er den Abscheu dieser Menschen vor kriechenden Geschöpfen, besonders aber vor Schlangen, von denen er aber immer wiederum mit dem Behagen des Grauens las und sie hinter Glas und Gitter der zoologischen Gärten mit demselben Gesicht betrachtete, das der Vogel empfinden muß, der unter dem starren Auge des Reptils ängstlich mit den Flügeln schlägt und nicht von der Stelle kann unter dem Bann dieses Blickes.

(Die blonden Frauen von Ulmenried)

Ebenso undeutlich läßt Keller den Helden einer seiner Novellen sprechen:

Nicht daß ich solche (es ist von den Frauen die Rede) etwa nicht von jeher gern gesehen hätte, wenn ich unbemerkt und ohne Aufwand von Mühe nach ihnen schielen konnte, doch war es mir äußerst zuwider, mit irgend einer mich in den geringsten Wortwechsel einzulassen, da es mir von jeher schien, als ob es sämmtlichen Weibern gar nicht um eine vernunftgemäße, klare und richtige Sache zu thun wäre, daß es ihnen unmöglich sei, nur sechs Worte lang in guter Ordnung bei der Sache zu bleiben, sondern daß sie einzig darauf ausgiengen, wenn sie in diesem Augenblicke etwas Zweckmäßig und Gutes gesagt haben, gleich darauf eine große Albernheit oder Verdrehtheit einzuwerfen, was sie dann als ihre weibliche Anmuth und Beweglichkeit ausgäben, im Grunde aber eine Unredlichkeit sei, und um so abscheulicher, als sie halb und halb von bewußter Absicht begleitet sei, um hinter diesem Durcheinander allen schlechten Instinkten und Querköpfigkeiten desto besser fröhnen zu können.

(Die Leute von Seldwyla: Pankraz der Schmoller)

Auch der berühmte Spielhagen sündigt in unverantwortlicher Weise gegen die Deutlichkeit und Schönheit des Stils, wie folgende Satzungetüme beweisen:

Der Doktor war durch die Szene, die er eben erlebt, aufs Tiefste erschüttert, voll von innigster Bewunderung für die schöne junge Frau und schwerster Sorge um den geliebten Freund,

> mechanisch langsam treppab schreitend, bis auf den unteren
> Hausflur und zur Thür gelangt, die er noch immer geöffnet
> hielt, gänzlich unschlüssig, ob er umkehren und die Durchsuchung
> des verdächtigen Schrankes selbst vornehmen, ob er weiter gehen
> und den schlimmen Fall, in dessen Behandlung er sich so stark
> vergriffen, für hoffnungslos erklären solle, als ihm ein Windstoß
> die Thür aus der unsicheren Hand riß und hinter ihm zuschlug.
> (Das Skelet im Hause)

> Rechts neben Maria tretend, die am Flügel Platz genommen
> hatte und zu deren Linken ihr musikalischer Anbeter, der junge
> von Meiringen, stand, des Augenblicks harrend, wo er das Noten-
> blatt umzuwenden haben würde, sang Ada zuerst „die Lotos-
> blume", die sich vor der Sonne Pracht nicht mehr geängstigt
> haben konnte, als die Sängerin vor der Gesellschaft zu thun
> sich den Anschein gab und keinesfalls dem Monde ein holderes
> „Blumengesicht" entschleiert hatte, als sie jetzt darbot, indem sie
> das Köpfchen ein wenig hintenüber neigte und mit den blauen
> Augen schmachtend zur Saaldecke aufblickte; dann „O danke
> nicht für diese Lieder!" in lebhafterem, allzu lebhaftem Tempo,
> wobei die blauen Augen unruhig im Saal nach dem „lieben
> Angesicht" zu suchen schienen, von dem sie alles „getreulich ab-
> gelesen" haben wollten. (Ein neuer Pharao)

Hier sind mit einem zusammengezogenen Hauptsatze nicht
weniger als neun Nebensätze, von denen zwei ebenfalls zu=
sammengezogen sind, zu einer einzigen Satzgruppe vereinigt.
Auch bei Heiberg findet sich diese sinnverwirrende An=
häufung von Nebensätzen:

> Aber ich kenne Familien, natürlich nicht eben viele, da die
> meisten Eltern fürchten, ihre Wunderkinder könnten am Ende
> nur brave, verständige Weltbürger werden, während sie mindestens
> in der Wissenschaft durch ihre späteren Entdeckungen eine geistige
> Revolution hervorrufen, als Staatsmänner aber den ewigen
> Frieden und die Abschaffung aller Kanonen herbeiführen sollen,
> die ihre Kinder erst kleine kräftige Menschen werden lassen

wollen, mit gesunden Körpern und unverkränkelten Seelen, ehe
der Trichter von der Wand genommen wird, worin das „a" „b"
= ab und das „Lerne was, so weißt du was" eingeschlossen ist.
(Aus den Papieren der Herzogin von Seeland. VIII.)

Wie ungeheuerlich das Streben nach Anschaulichkeit aus=
arten kann, zeigt folgender Satz desselben Autors aufs
deutlichste:

Vor einem langen, ursprünglich mit einem Wachstuch in
buntem Muster bespannten Tisch, in welchem die Zeit die
Zeichnung fast ganz verwischt hatte, dem aber die kreisrunde
weiße Spur einer mit heißer Milch gefüllten und dann über-
gelaufenen Tasse unverwischlich eingeprägt war, an einem Tische
welcher dadurch am Wackeln verhindert ward, daß unter das
eine Bein zur Rechten ein viereckig zusammengelegtes und etwas
hervorstehendes Stück Couvert eines Briefes geschoben war und
in dem sich in der Mitte linksseitig eine schief hervorstehende
Schublade befand, an welcher der Knopf zum Aufziehen nur
zur Hälfte mehr vorhanden war und der in dem ungleichen
Bruch die hellere Färbung des Holzes zeigte, saß ein alter Mann
in tiefe Gedanken verloren. (ebenda XXXVI.)

Das Wort „Tisch" ist hier, abgesehen vom Partizip, durch
nicht weniger als vier Attributsätze bestimmt, die wieder
zwei Nebensätze des zweiten Grades im Gefolge haben
und einen des dritten. Etwas verständlicher, aber nicht
weniger tadelnswert ist folgender Satz Heibergs:

Als ich noch ein Jüngling und Junggeselle war, begierig
von dem Nektar der Freiheit kostete, schönen Frauen in die
dunklen Brunnenaugen schauen durfte und keine Gewissensbisse
empfand, daß mein Herz klopfte, wenn ich unkonfirmierte Mädchen-
flechten sah, Zeit hatte, mich in Waldesduft und Waldes-
einsamkeit zu berauschen, Schellers lateinisches Lexikon verkaufte,
um von dem Erlös eine Liebesanthologie und Rauchtabak zu
erhandeln, den Himmel ach! so lachend blau, die Welt so
rosig-lustig fand und meine Freunde alle für Freunde und die

Sorge noch für eine ganz kleine Porzellanpuppe hielt, die Gott danken müsse, wenn man sie so weit brachte, daß mal der Staub heruntergewischt würde — ja damals — war ich eben Junggeselle.
(Aus den Papieren der Herzogin von Seeland. VIII.)

Dieses unförmliche Satzgefüge umfaßt zehn Nebensätze des ersten Grades, durchwegs Temporalsätze, vier des zweiten, zwei des dritten und einen des vierten. Alle zusammen zählen hundertundzwei Wörter, der zum Schlusse gesetzte Hauptsatz aber nur sechs, eingerechnet die adverbiale Bestimmung der Zeit. Dieser langen Rede kurzer Sinn ist: „Als ich noch Junggeselle war, war ich eben Junggeselle." In der That ein Triumph des modernen Feuilletonstils, der um jeden Preis geistreich sein will, . . . selbst auf Kosten der Logik und Grammatik. Ein Seitenstück dazu bietet Samarow: Seine Erzählung „Ritter oder Dame" beginnt so:

Es war gegen Ende der fünfziger Jahre im vorigen Jahrhundert zur Zeit der Regierung Seiner allerchristlichsten Majestät Ludwig XV., welcher in seiner glänzenden hoffnungsvollen Jugend vom Volke den Namen des Vielgeliebten erhalten hatte, den er nun offiziell fortführte, obwol das Volk selbst ihn weder mit den Lippen noch mit dem Herzen seinem Könige mehr gab, der sich so weit von den Wegen seiner ersten Regierungszeit entfernt hatte und in apathischer Gleichgiltigkeit die Staatsgeschäfte meist gehen ließ, wie sie eben wollten und konnten.

Man sollte meinen, dem Hauptsatze werde ein Temporalsatz folgen, der — wie es ja bisweilen geschieht — den Hauptgedanken enthält. Das ist aber durchaus nicht der Fall: alle Nebensätze des Gefüges hängen von einem der sechzehn Wörter ab, aus denen die Zeitbestimmung des Hauptsatzes besteht, von dem Worte „Ludwig"; dieses hat somit fünf Nebensätze im Gefolge, zwei des ersten, darunter einen zusammengezogenen, ebensoviel des zweiten und einen des dritten Grades; und wäre der Strichpunkt nicht, so könnte man bei der Art des Satzbaues jeden als einem anderen Grade angehörend auffassen, den letzten somit als einen des fünften Grades. Verständlich aber sehr schwerfällig schreibt derselbe Autor:

... aber es (das Volk) jauchzte allen denen zu, welche die Kämpfe der Fronde mit den Waffen des Rechts und des Geistes fortsetzten, es umgab mit der Fülle der Popularität die Parlamente, welche gegen die Registrierung der königlichen Verordnungen eine oft begründete, oft auch unbegründete Opposition erhoben, und die Philosophen, welche ihre scharfen Kritiken gegen die staatlichen und gesellschaftlichen Zustände richteten, und es sang mit unermüdlicher Ausdauer alle die hämischen und boshaften, aber immer witzigen Couplets, welche täglich neu gegen den Hof und alle hervorragenden Persönlichkeiten desselben auftauchten, welche selbst den König nicht schonten und ihren Stachel gegen die Marquise und den Herzog von Choiseul richteten, obgleich diese die Freunde und Gönner der Philosophen waren.

(Ritter oder Dame)

Wie bunte Libellen flatterten im Glanz des Thrones die Träger der großen Namen des Landes, welche einst die wirklichen Pairs der Könige sich dünkten (sollte „däuchten" heißen), und bettelten um die Gunst eines Blickes, eines gnädigen Wortes, einer Einladung nach Marly oder eines Platzes in den Karossen des Königs, und die Wenigen, die sich von diesem Treiben des Hofes fern hielten und schauderten vor dem Wahlspruch der Höflinge: après nous le déluge — sie saßen einsam und vergessen auf ihren Schlössern in den Provinzen ohne einen Platz finden zu können in der Verwaltung des Staates und in der Führung der Armee — für das Königthum existierte eben nichts, was nicht vor seinen Augen erschien in dem von der übrigen Welt hermetisch abgeschlossenen Lichtkreis von Versailles, und jene bespöttelten und verachteten Edelleute der Provinz erschienen erst wieder, als es galt sich auf der Schwelle ihres bedrohten Königs zerstückeln zu lassen oder mit dem Rufe »Vive le roi!« ihr Haupt dem Fallbeil der Guillotine darzubieten. (Ritter oder Dame)

Hier zeigt sich doch einigermaßen die Form einer Periode; bei den übrigen Satzungetümen ist nichts davon zu bemerken, wiewohl gewiß manche für Perioden gelten sollen; denn man dürfte kaum fehl gehen, wenn man annimmt, für so manche Schriftsteller bedeute ein mehrfach zusammengesetzter Satz und eine Periode dasselbe; sind ihnen die Grundregeln des Stils unbekannt, warum nicht auch die Gesetze der Periode? — Verständlich, aber durch die massenhafte Anhäufung von Attributen äußerst schwerfällig schreibt Samarow:

> Während der Chevalier sich vorbereitete, giengen in jener eigenthümlichen Welt von Versailles, deren auf der Oberfläche so helles und lächelndes Bild so viel gährende Leidenschaften und so viel Haß und Neid bedeckte, die zahllosen großen und kleinen Intriguen dieser aus so großen Namen und meist so kleinen Persönlichkeiten zusammengesetzten Gesellschaft ihren Lauf. (ebenda)

Nicht viel besser schreibt Wachenhusen:

> Die Steinplatten mit den durch den Meißel in sie eingegrabenen von Staub geschwärzten Konturen, plumpen Bildern derer, die wahrscheinlich in dem Gewölbe darunter ruhten.
> (Die Geschichte einer Schönheit)

> In einem der von wilder Romantik umschlossenen, tief zwischen Schneegipfel eingesenkten Dörfer des Thales von Andorra schleppten sich ... (ebenda)

Eine ganz besondere Kunst im Einschachteln zeigt Byr: er schiebt nämlich, ohne unverständlich zu werden, zwischen

Subjekt und Prädikat nicht weniger als 4 Nebensätze ein, mit zusammen 44 Wörtern:

> Die eigenthümliche Gewohnheit, die Beendigung seiner Aussprüche im Schwanken über den zu wählenden Ausdruck immer eine Weile hinauszuschieben und dann erst, wenn schon lange von etwas Anderem gesprochen wurde, folgen zu lassen, so daß oft die drolligsten Zusammenstellungen eintraten, von denen er selbst jedoch nie etwas bemerkte, war zu bekannt ...
>
> (Wie es weiter noch kam)

Schwerfällig ist auch folgender Satz Jordans:

> Das Verlangen, sie für sich zu erwerben, hätte sich seiner unfraglich bei der ersten Begegnung bemächtigt und wäre rasch zur herrschenden, seine ganze Energie ins Spiel setzenden Leidenschaft angewachsen, hätte er in ihr nicht die von Ulrich hoffnungslos begehrte Geliebte gesehen, welche für diesen dennoch zu erobern er sich entschlossen und stark genug fühlte.
>
> (Die Sebalds)

Nicht so hart aber viel zu langatmig schreibt Haidheim:

> Damals war also Philipps gekommen, nachdem sie eben die Rolle der ganz zu Boden geschmetterten Mutter mit Erfolg gespielt hatte, und die erstaunten Mienen der an die wahrhafte Respektabilität ihrer Herrschaft gewöhnten Diener über die freche Forderung des Menschen, die Baronin von Schüler sogleich zu sprechen, waren kaum weniger peinlich als die fragenden, verwunderten Blicke ihrer Gastfreunde, welche leicht begriffen, daß dieser übel berufene Mann in die allerlei lichtscheuen Dinge verwickelt sein mußte, welche die Baronin mit so ängstlichen Bemühungen vor ihnen zu verbergen suchte.   (Im tiefen Forste)

Bleibt in diesen langen Sätzen auch die Verständlichkeit häufig gewahrt, die Schönheit nie! Sie ermüden den Geist und beleidigen das Ohr. Die Vorstellungen, die sie im Gehirn erzeugen, bilden sich nur mühsam und erreichen niemals die klaren und bestimmten Formen derer, welche von logisch und stilistisch tadellosen Sätzen hervorgerufen werden.

C. Monotonie, Pleonasmus, Tautologie.

Außer der Schwerfälligkeit muß ein schöner Stil auch die Eintönigkeit vermeiden. Sie tritt in umfangreichen Satzgruppen häufig mit jener im Verein auf und zwar dann, wenn viele gleichartige Nebensätze aufeinanderfolgen. Merkbarer noch wird sie bei der Häufung einfacher gleichartiger Fügungen; besonders der Genetiv ist da gefährlich). Ebers:

> Das waren die Blätter der Blumen, welche die Horen auf die Bahn des aus dem Meere sich erhebenden Viergespannes des Helios streuten. (Eine Frage)

Das aber, was man gewöhnlich Monotonie nennt, die Eintönigkeit im engeren Sinne, ist die Wiederholung gleicher, die Aufeinanderfolge ähnlich klingender Wörter. Sie zu vermeiden, pflegt eine der ersten Stilregeln zu sein, die man lernt; dennoch trifft man sie in der Erzählungslitteratur nicht selten. Richard Voß:

> Pollio lehrt Poppaeen Gesang und Lautenspiel und Gesang und Lautenspiel lehrt er daher auch Julien.
> (Scherben: Domina und Madame)

Die Wiederholung geschieht hier offenbar mit Absicht und soll eine Redefigur sein, ist in der That aber nur gewöhnliche Monotonie. Dasselbe gilt von einem anderen Satze dieses Autors:

> Juvenal donnert gegen Rom und Römer, und in Rom hören ihn die Römer. (ebenda)

Eintönig schreibt ferner D. von Geyern:

> Ein so junges und so schönes Mädchen hätte an einem so lieblichen lauschigen Platz, vor einer so herzerfreuenden Aussicht wol holden und reizenden Träumen nachhängen müssen.
> (Gräfin Resi)

> Um einen Donjon gruppierten sich zahlreiche Giebel, Erker und Thürme zu malerischen Gruppen. (ebenda)

Wachenhusen:

> ... und war die Gemächer durcheilend zu einem der hinteren Fenster des Hauses geeilt. (Der türkische Kosak)

Die letzten zwei Sätze sind nicht bloß monoton, sondern auch pleonastisch, nicht nur der Ausdruck, auch der Gedanke wird wiederholt.

Der Pleonasmus tritt namentlich beim Demonstrativ und bei Deminutiven häufig auf: Ebers:

> Xanthe näherte sich dem Kranken. Dieser letztere ...
> (Eine Frage)

Der Zusatz „letztere" ist überflüssig, da hier das Demonstrativ allein schon hinlänglich und unzweideutig kennzeichnet, wer gemeint ist; ebenso das Attribut „klein" bei Deminutiven, da ja die Nachsilbe „chen" schon die Verkleinerung enthält. E. von Wald-Zedtwitz:

> das kleine Landstädtchen. (Hurrah: Die Rose von Gorze)

F. von Kappf-Essenther:

> kleines Stimmchen, kleines Gesichtchen.
> (Mein Wien: Theo und sein Papa)

Übrigens kann man in diesem Falle den Pleonasmus nicht geradezu fehlerhaft nennen, denn der Sprachgebrauch hat ihm so zu sagen das Bürgerrecht verliehen; entschieden fehlerhaft ist's aber, wenn Dewall schreibt:

> er eilte schnell. (Ein Frühlingstraum)

Einen noch ärgeren Pleonasmus begeht Jensen in dem Ausdruck

  Morgenaufgang der Sonne.
         (Aus stiller Zeit: Aus verblichener Schrift)

Die Sonne geht ja nur des Morgens auf, ja man könnte weiter gehen und sagen: der Morgen ist ja eben der Aufgang der Sonne; dann wäre der Ausdruck auch tautologisch. Vollkommen tautologisch spricht derselbe Autor von der

  lichtlosen Finsternis.
         (Aus stiller Zeit: Unter den Schatten)

und vom

  lichtlosen Dunkel.   (In der Fremde)

Das Adjektiv „lichtlos" hier, wie der Zusatz „Morgen" dort, soll offenbar schmückend sein. Nun hat das schmückende Beiwort zwar eine wesentliche, charakteristische Eigenschaft des betreffenden Substantivs auszusagen, aber nicht dasselbe wie dieses; „lichtlos" enthält aber denselben Begriff wie „Finsternis" oder „Dunkel", nur in adjektivischer Form.

Pleonasmus und Tautologie gehen zum Teil aus derselben Ursache hervor wie die Schwerfälligkeit, nämlich aus dem irrigen Glauben so vieler Schriftsteller, die Deutlichkeit werde durch allerlei Zusätze gefördert; zum anderen Teile aber, und wohl zum größeren, aus gedankenloser Geschwätzigkeit.

IV.
Fehlerhafte Tropen und Unsinn.

Eine wesentliche Bedingung des schönen Stils ist die Lebendigkeit der Darstellung. Sie wird dadurch erreicht, daß den Begriffen eine möglichst große sinnliche Anschaulichkeit verliehen wird. Das geschieht vor allem durch die Tropen.

Diese müssen, um anschaulich zu sein, wahr und meist auch schön sein; schön nur dann nicht unbedingt, wenn sie bloß zu größerer Verständlichkeit dienen und nicht auch zum Schmuck.

In der Erzählungslitteratur wird mit den Tropen arger Mißbrauch getrieben.

A. Mißbrauch der Synekdoche.

Höchst befremdend wendet Jensen die Synekdoche an und zwar den Teil statt des Ganzen. Er schreibt nämlich statt Kopf, wenn von einer Bewegung desselben die Rede ist, beharrlich „Stirne":

Nur einmal hob sie die Stirn.
(Aus stiller Zeit: Der Wille des Herzens)

Langsam nun hob ihre Stirn sich zurück.
(Aus stiller Zeit: Jugendträume)

Wie zufällig die Stirn von ihm abwendend. (ebenda)

Dann wandte er suchend die Stirn. (ebenda)

Der Vater drehte mechanisch die Stirn. (ebenda)

Dann drehte sich unwillkürlich, von einem Geräusch berührt, seine Stirne zur Seite. (ebenda)

Sie schüttelte leicht die Stirne. (ebenda)

Dann schüttelte sie zuletzt die Stirn dazu.
(Aus stiller Zeit: Ein Traum)

Dann schüttelte sie die Stirn und gieng.
(Aus stiller Zeit: Von der Ackerscholle)

Sie schüttelte kurz die Stirn. (ebenda)

Flüchtig stolze Regung der Stirn. (ebenda)

Sie verneigte im Gehen die Stirn. (ebenda)

Aber mechanisch hatte er mit der Stirn genickt.
(Aus stiller Zeit: Ulmenkrug)

Auch die Augen müssen für den Kopf eintreten:
Mit den Augen zurücknickend.
(Aus stiller Zeit: Unter den Schatten)

Das passende Wort „zurückwinkend" ist Jensen offenbar zu gewöhnlich. Den Kopf statt der ganzen Person setzt er im zweiten Teile des folgenden Satzes:
Ihr blonder Kopf hatte sich unwillkürlich zurückgelegt und schlief. (Aus stiller Zeit: Ein Traum)

Dieser Gebrauch der Synekdoche trägt gewiß nicht zur Anschaulichkeit bei, aber er sagt Jensen zu; denn er ist absonderlich.

B. Fehlerhafte Bilder.

Auf keinem Gebiete der Sprache wird gegen deren Geist, gegen die Logik so arg gesündigt als auf dem der Metapher und des Gleichnisses; denn keines bietet der Willkür, der Phantasie einen weiteren Spielraum.

Die Bildersprache ist bei den Erzählungsschriftstellern sehr beliebt, deren Bedarf an Bildern daher sehr groß; haben sie kein passendes zur Hand, so holen sie eines von weit herbei.

Dabei leidet aber die Anschaulichkeit und geht wohl auch ganz verloren. Schubin:

> Da plötzlich hörte er's neben sich wie das Rauschen eines Engelsflügels.
> (Asbeïn)

Noch niemand hat Engelsflügel rauschen gehört, niemand also kann sich eine Vorstellung davon machen. Originell aber gesucht und keineswegs anschaulich charakterisiert dieselbe Schriftstellerin den Fürsten Suworin, eine ihrer Lieblingsgestalten:

> Er hatte etwas Unheimliches und Rührendes, etwas Anziehendes und Abstoßendes, etwas von einem geächteten König, von einem Irrsinnigen und von einem Gott.
> (Die Galbrizzi)

Weit anschaulicher, wenn auch vielleicht noch immer nicht genügend, und wirklich geistvoll schreibt sie von demselben Manne ein anderes Mal, er habe

> Ein Christusgesicht, welches das Schicksal durch den tiefsten Erdenschlamm gezogen.
> (Mal' occhio: Memento mori)

Gesucht und banal schreibt Baron Liliencron:

> Der Engel des Hochmuths aber lag verstimmt in ihren Blicken. (Breide Hummelsbüttel)

etwas besser:

> Sieh, ich möchte Dir ein paar tiefe Worte ins Herz tropfen... (ebenda)

das Wort „tropfen" ist offenbar das Rudiment der Ideenverbindung: Trost spenden — Balsam tropfen. Farb- und leblos, aller Anschaulichkeit bar, ist folgende Metapher Jensen's:

> Trübe Einschlagfäden eines Banggefühles dämpften den freudigen Glanz. (Runensteine)

Noch viel tadelnswerter ist sein Ausdruck:

> Edelsteinblaue Augen. (Aus stiller Zeit: Unter den Schatten)

Jensen thut hier gerade das Gegenteil von dem, was er thun soll: er generalisiert den Begriff durch das Bild, anstatt ihn zu determinieren. Dieses Verfahren, wahrhaft ein Hohn auf den Zweck der Bilder, zeigt recht deutlich, bis zu welcher Verkehrtheit es die Originalitätssucht bringen kann; denn nichts anderes ist's, das dem Verfasser diesen Ausdruck diktiert hat; es liegt ja doch viel näher, die Augen, wenn sie schon durchaus mit einem Edelstein verglichen werden sollen, saphir- oder türkisblau zu nennen; wollte man nach Jensen's Beispiel folgerichtig vorgehen, so könnte man auch von blumenroten Lippen sprechen; die Lippen sind rot wie die Rosen — wenigstens in Romanen — die Rose ist eine Blume, also sind sie blumenrot.

Aber Nichts ist so verkehrt, daß es keine Nachahmung fände! Und Nachahmung ist es, darin dürfte man nicht fehlgehen, wenn Gräfin Ballestrem ebenfalls von „edelstein= blauen" Augen spricht. (Die blonden Frauen von Ulmenried.)

Ganz geschmacklos nennt Richard Voß das Weib
> eine holde Winderin, die dem Leben Kränze einflicht.
>
> (Scherben: Domina und Madame)

Ebenso Keller die von ihrer Herrin zurechtgewiesenen Mägde
> die erbosten Schleppträgerinnen ihres Zornes.
>
> (Das Sinngedicht)

Schwerfällig schreibt Ebers:
> Wie Krystall, in den man, als man ihn schmolz (sollte „schmelzte" heißen), Smaragdstücke geworfen, um auch sie in flüssige Tropfen umzuwandeln, so grünlich klar war dieses Gewässer.
>
> (Eine Frage)

Hier formt sich das Bild nur mühsam heraus und verliert dabei die Frische der Anschaulichkeit.

Manche Bilder werden von ihren Schöpfern un= verkennbar mit Anmaßung hingestellt. So schreibt Alberti ganz im hochtrabenden Tone der zweiten schlesischen Dichterschule:
> Zwei Kreidefelsen starrten seine Wangen.
>
> (Wer ist der Stärkere?)

> Ein Pechsee von Niedrigkeit brodelte vor mir auf.
>
> (ebenda)

ebenso Friedmann:
> Ein Stück grauer Wolkenwand, der die Sonne Strahlen= dolchstiche zuschickt.
>
> (Zwei Ehen)

In diesem Roman fügen sich die Bilder nicht natürlich in die Handlung hinein, sondern unterbrechen sie, sodaß der Zusammenhang nicht immer gleich zu finden ist. So auch folgender weithergeholter Vergleich, der mit selbstgefälliger Breite zur Allegorie ausgesponnen ist:

> Im Sommer fliegen welke Fäden durch's Land. — — Sie hemmen den nicht, an dessen Gewand sie sich heften. — — Im Herbste wandeln sich einzelne Traubenstiele zu Ranken um, und diese kleinen Spiralen vermögen schon den Wanderer zum Einhalten zu zwingen. — — Der Epheu rankt sich, auch im Winter fortwachsend, um das Gemäuer und kann es sogar am Einsturz hindern. — — Stadien der Liebe. (Zwei Ehen)

Äußerst widerwärtig sind folgende schwülstigen Allegorien. Schapira:

> In meinem Herzen hallte der Gesang des sich glücklich schätzenden Smargoner Theologen nach; in meinem Herzen jubelte seine Freude, um die sich aber hin und wieder die traurigen und zum Theile auch neidvollen Blicke seiner armen, durch fremde Schuld paßlosen Kollegen, mit denen sie ihn, den Glücklichen, angesehen, zu einer düsteren Wolke zusammengezogen, die mit den Thränen des in der Garküche weinenden Knaben geschwängert war. (Der Überfall)

Auch der Satzbau läßt hier manches zu wünschen übrig —;

> Der Anblick der armen Kinder ließ in meinem gebrochenen Herzen ein heftiges Schmerzensfeuer emporlodern. Ein tiefer Seufzer entrang sich meiner Brust. Es war dies ein Feuerlärm, auf den die Thränen herbeieilten, den Brand zu löschen. Aber die ungeschickten Löscherinnen löschten nur die Wangen, die gefühllosen Wangen, wo das Feuer gar nicht brannte, während unten das brennende Herz zusammenstürzte. (ebenda)

Gar widerwärtig ist's, wenn sich der Schwulst mit vermeintlichem Witze paart. So schreibt derselbe Autor:

> Die Polizeileute, die sich, als man bei der Prüfung meiner Personalien mir in die Augen schaute, in diesen und zwar in

den Pupillen postiert hatten, mußten dieselben bereits verlassen haben: denn sie hätten meinen Blicken sonst keine Freiheit geschenkt.
(Der Überfall)

Manche Schriftsteller glauben durch die Häufung von Bildern, zumal von prunkenden, eine besondere Wirkung zu erzielen, machen die Darstellung jedoch keineswegs plastisch-lebendig, wohl aber bombastisch: So schildert Bleibtreu einen Sonnenaufgang in den Norwegischen Bergen in folgender hochtrabenden Art:

> Noch lag das Schneegebirge wie ein mondhelles Eiland im Nebelmeer, noch wogten die Wolken wie Banner am Schaft der Riesenföhren hin. Aber nun flirrten Funken nach Funken wie indische Leuchtkäfer von einer Felszinke zur anderen und scheinen auf allen Gipfeln der Alpenkette ein Freudenfeuer zu entzünden. Die Perlenschnur der Bäche verwandelte sich im Morgenroth zu funkelnden Rubinen. Die Wipfel schillerten bunt und bunter, von safrangelben und violetten Tinten überhaucht. Blutroth aber reckte sich aus dem ewigen Schnee die höchste Spitze hervor wie aus weißem Festaltar die blutige Rechte des Opferpriesters. Purpurteppiche schien das Morgenroth vor dem Silberthron des Hochlandkaisers hinzubreiten, dessen Lehnenknäufe, die Pässe, aus bläulichem Dämmer jetzt wie Karfunkel aufblitzten. — Der Saum seines Strahlengewandes segt über die Abhänge hin, ein Lichtschweif streift über die Almen und weiter schreitet Sigurd über den Kamm des Berges. Wo seine Sandale den Boden färbt, da sprießen Alpenrosen. Wo sein flammender Kuß auf auserwählten Stirnen weilt, da flammt er im Herzen fort und gebiert die Gedanken, die Gesänge. Er aber, der Geist des Lichts, wandelt in Majestät dahin über die Scheitel der Jrdischen — und währet ewiglich.
(Größenwahn)

Kann ein Bild auch der Schönheit entbehren, wenn es nämlich bloß zur größeren Verständlichkeit dient —

der Würde niemals; es wäre denn, daß es eine komische Wirkung erzielen sollte.

Die Schriftsteller vom sogenannten „jüngsten Deutschland" aber gefallen sich in der Anwendung niedriger Metaphern und Gleichnisse. Sie glauben eben den Realismus auch sprachlich bethätigen zu müssen, und da sie ihn nur im Trivialen, Schmutzigen und Gemeinen suchen, so verleihen sie ihm auch einen dem entsprechenden Ausdruck. Baron Liliencron:

> In die großen braunen Augen senkte sich das Bild hinein und senkte sich langsam auf einem Fahrstuhl, um dort sitzen zu bleiben und wann? wieder emporzutauchen.
>
> (Breide Hummelsbüttel)

Hier sieht der Verfasser wenigstens noch ein, wie trivial sein Vergleich ist; denn er unterbricht ihn mit den Worten: „Verzeihung für den überaus geschmacklosen Vergleich!" Eine Bitte, die keine Berücksichtigung verdient! Er schreibt aber noch weit Ärgeres:

> Erinnerung, auch die süßeste, ist ein stachlich Hemd, wenn man es überzieht. (ebenda)

> ... ohne geizig zu sein, beroch er geistig doch jeden Nickel ehe dieser seinen weiteren Rundlauf aus seiner Tasche in die Welt nahm. (ebenda)

> ... der freßsack Ehrgeiz (ebenda)

> Eitelkeit, dieses stinkende Aas in unserer Brust. (ebenda)

Statt „Nachtigallenschlag" schreibt Bleibtreu viel poetischer:

> Der flennende Geschlechtsschmerz der Nachtigallen.
>
> (Größenwahn)

Der zweifelhafte Ruhm, in dieser Richtung unübertroffen zu sein, gebührt aber unstreitig Conradi: Er

wühlt mit Behagen in den gemeinsten Ausdrücken und prunkt mit trivialen Vergleichen:
> Wo bleiben die Rosinen im Stollenteige Deines Ichs?
> (Phrasen)

fragt sich der Held des Romans „Phrasen" in einer seiner häufigen Katzenjammerstimmungen. Ein Kapitel dieses herrlichen Buches beginnt mit folgendem poetischen Vergleiche:
> Die nächsten Tage rankten allerlei merkwürdige Figurensippschaft in Heinrichs Lebenskanevas. (ebenda)

An Johannes Scherr's Ausdrucksweise erinnert der Satz:
> Aber zugleich ekelte ihn dessen frivole Halbweltsseiltänzerei, dessen geiles Libellengeflatter über stinkenden Morästen an. (ebenda)

Die Krone aber aller derartigen Bilder ist gewiß folgende „realistische" Prosopopöie:
> Und es war Nacht, die Sonne war todt, die Sterne flegelten sich auf den Plüschpolstern ihres Wolkenserails herum... (ebenda)

Äußerst widerwärtig und störend ist die Verquickung bildlicher und nicht bildlicher Ausdrücke; sie bleiben stets im Widerspruche und geben der Metapher, dem Gleichnisse, einen lügenhaften Charakter. Bleibtreu:
> Er stocherte mit seinen ungewaschenen Fingern in den Affairen anständiger Leute herum. (Größenwahn)

Keller:
> Wie über eine leichte Regenbogenbrücke gieng sie vom Wunderhorn in dieses lichte Gehölz maigrüner Ahornstämmchen. (Das Sinngedicht)

Unter dem Gehölz sind Göthes Jugendgedichte gemeint; warum müssen es gerade Ahornstämmchen sein? — Hierher kann man auch Baron Toresani's plumpe Metapher zählen:

> Er rieb sich seine geistigen Hände.
>
> (Aus der schönen, wilden Lieutenantszeit)

Der Verfasser hätte, um bei diesem Bilde bleiben zu können, schreiben müssen: „Er rieb sich im Geiste die Hände".

An unwahren Bildern, an Bildern, die mit der Natur der verglichenen Dinge im Widerspruche stehen, ist in der Erzählungslitteratur überhaupt durchaus kein Mangel. So schreibt Bleibtreu:

> Ein lüsterner Falter gaukeln wir alle unsterblich im flüchtigen Schein.
>
> (Größenwahn)

In diesem übrigens rätselhaften Satze liegt der Widerspruch im Vergleiche einer Mehrheit mit einer Einheit. Derselbe Verfasser, der sich doch für einen Apostel der Wahrheit ausgiebt, nennt den frischen Mund eines jungen Mädchens höchst merkwürdiger Weise:

> Ihrer Lippen Erdbeerblüthe.
>
> (ebenda)

Diese Schöne hat also weiße Lippen; denn die Erdbeerblüte ist bekanntlich weiß.

Unwahr und überdies bombastisch schreibt Friedmann:

> Hinter die blaugraue Wolkenmauer senkte sich die Sonne wie ein blutig rothes Todtenhaupt.
>
> (Zwei Ehen)

Todtenhäupter pflegen nicht rot, sondern bleich zu sein.

> Er war wie eine vereiste Flamme geworden. (ebenda)

Wie stellt sich der Verfasser eine solche vor?

> Der Mond, der bleiche Seelenhirt, trieb seine Schafe vor sich her.
>
> (Zwei Ehen)

Wessen Hirt ist der Mond, der der Seelen oder der der Schafe? Wenn er Seelenhirt ist, warum treibt er denn Schafe? Man wird nicht recht klug aus diesem sinnigen Vergleiche.

Ebenfalls unwahr und bombastisch sind Rosegger's Prosopopöien:

    Mit knieender Seele.   (Jakob der Letzte)

und   **Die Lerchen blasen Posaunen.**   (ebenda)

Manche Schriftsteller scheinen die Farben mit anderen Augen anzusehen als die übrigen Menschen es thun. So nennt Walloth den Mond „stahlblau" (der Dämon des Neides); wohl ist das Licht des Mondes bläulich; niemals aber er selbst. Daß der Stahl grau, blau oder grün sein kann, ist bekannt; nicht aber, daß es auch blonden Stahl giebt. Jensen spricht nämlich von einer:

    stahlblond umrahmten Stirn.

                                      (Aus stiller Zeit: Jugendträume)

Nun, er kann stolz sein auf die Erfindung dieser merkwürdigen Farbe.

C. Unsinn.

Unwahre Bilder gehen häufig geradezu in Unsinn über: Jensen:

    todtenfinster   (Die Heiligen von Amoltern)

    Der Mondduft der Syringen.

                                      (Aus stiller Zeit: Jugendträume)

Wie duftet der Mond wohl? — Wilbrandt:

    Ein geheimes Jauchzen schoß mir wie eine Blutwelle ins Gesicht.   (Die Verschollenen)

Ebers:

    Wie ein Traum umschwebte ein stummer Schmetterling ihre Rosen.   (Eine Frage)

Dem oberflächlichen Leser erscheint dieser Vergleich vermutlich poetisch, der denkende aber muß ihn sinnlos nennen.

Gleichfalls scheinbar poetisch schreibt Storm:

> Er sah an ihrer Hand jenen feinen Zug geheimen Schmerzes, der sich so gerne schöner Frauenhände bemächtigt, die Nachts auf kranken Herzen liegen. (Immensee)

Schöne Frauenhände, die nachts auf kranken Herzen liegen, haben also ein besonderes Aussehen! woher wohl? Derselbe Autor gebraucht auch den lächerlich-sinnlosen Ausdruck:

> im nackten Hemde (Psyche)

Wie sieht denn dann ein angezogenes Hemd aus? Dieser Ausdruck dürfte sich indes aus einem grammatischen Irrtum des Verfassers erklären lassen: bekanntlich wird das Adverb „bloß" = „nur" häufig, aber mit Unrecht, in demselben Sinne auch als Adjektiv gebraucht; das eigentliche Adjektiv „bloß" heißt aber so viel als „entblößt", „nackt". Nun war Storm, ohne darauf zu achten, daß das Wort „bloß" ja eine zweifache Bedeutung habe, offenbar der Meinung, man dürfe für „bloß" willkürlich „nackt" setzen und ebensogut als „im bloßen Hemde" auch „im nackten Hemde" sagen; das klingt ja ungewöhnlicher, also besser! Allein richtig ist aber: „bloß im Hemde."

Auch Kadens sinnwidriger Ausdruck:

> In nerven- und brustkranker Gedankenwelt lebend.
> (Pompejanische Novellen: Des Ikarus Flügel)

läßt sich erklären. Das ist so gesagt, als hätten die Gedanken Brust und Nerven; es sollte heißen: In der Gedankenwelt eines Brust und Nervenkranken lebend.

Wahrhaft Großartiges im Unsinn leisten Vacano und Graf Stadion in ihrem gemeinsam verfaßten Buche „Dornen". Da ist die Rede von „umarmenden Augen" und „kichernden Backenknochen", von einer „lasterhaft unwiderstehlichen Hand" und von einer „luftzerfasernden Hand", von „schneeweißem Lächeln" und von „brombeerblauem Lächeln" (der oder die Lächelnde hat gerade Brombeeren gegessen); da heißt es ferner:

 Sie lachte todtenhaft. (Dornen)

Wie Tote wohl lachen? —

 Sie ist todtschön.

 Parfüm ist ein welttönender Wegweiser.

 Es roch nach durchstochenen Karten.

 Es war ein so dämmernder Märztag, daß man die feinen Nüancen ihrer Persönlichkeit und ihres Geistes nicht wahrnehmen konnte.

 Ein nachtdunkler Kuß von einem Florhütchen zwängte ihre Locken ins Gesicht.

 Sie sah aus wie ein Kuß. (ebenda)

Dieser Vergleich ist wirklich ein Triumph anschaulicher Darstellung und die Dame, die so sinnig verglichen wird, steht dem Leser jedenfalls mit greifbarer Lebendigkeit vor den Augen.

Diese Ausdrücke dürften — wenn auch nicht alle, so doch die meisten — Vacano zuzuschreiben sein; denn in seinen Büchern findet sich überall diese aufdringliche Sucht, immer originell und witzig zu sein, selbst auf Kosten der Vernunft.

Dieser krampfhafte Witz, der sich für Geist und Humor ausgiebt und von manchen auch dafür gehalten wird, ist namentlich bei den Feuilletonisten sehr beliebt. Auch Heiberg huldigt ihm:

 Er schweigt entweder mit schwarzgrauer Verachtung überhaupt oder er wirft einige lila-roth-grüne Bemerkungen mit apodiktischer Sicherheit dazwischen.

 (Aus den Papieren der Herzogin von Seeland XIII.)

Auch im Garten des „jüngsten Deutschland" blüht der Unsinn recht üppig: Baron Liliencron:

> Die Natur in ihrer grausamen Gleichgiltigkeit streckt ihm trotzdem an jeder Stelle liebevoll die Arme entgegen.
> (Breide Hummelsbüttel)

— nun, wenn sie liebevoll ist, dann ist sie doch nicht grausam! —

> Seine braunen, halb im Leben, halb im Schlafe stehenden Augen. (ebenda)

soll das etwa soviel heißen als: verschlafene Augen? —

Walloth:

> Ihr erloschener Kuß glühte ihm von Neuem in die Seele, ihre keusche und doch hastige Sinnlichkeit umarmte seine Sinne. (Der Gladiator)

> Über die Bühne legen sich tragische Schatten wie Wolken. (ebenda)

> Ihr war, als gienge ein grüner Pesthauch vom Körper des Kindes aus. (ebenda)

> Die grünliche Blindheit der Katzenpupillen. (ebenda)

„Blindheit" ist ein Abstraktum und „grünlich" ein sinnliches Adjektiv, die Vereinigung dieser zwei Begriffe daher unstatthaft; derselbe Autor spricht ferner vom

> grell-weißen Blau des Himmels. (ebenda)

„Blau" kann nie weiß, wohl aber der Himmel „grell weiß-blau" sein; ein anderes Mal schreibt er gar unerhört:

> halb verlegen, halb wüthend, halb wehmütig. (ebenda)

ein Ganzes mit drei Hälften! man sollte es nicht für möglich halten, daß derartiger Unsinn geschrieben und auch gedruckt wird!

Wie hier Walloth, so gebraucht auch Conradi zur Bezeichnung seelischer Stimmungen mit Vorliebe ganze Komplexe von Adjektiven. So schreibt er:

> Er sah verliebt-verlegen-ironisch aus. (Phrasen)

oder:
> melancholisch-lüstern-befriedigt. (ebenda)

Diese Verbindungen gingen noch an, wenn sie wahrscheinlich wären, das sind sie aber durchaus nicht; denn, wenn man verlegen ist, pflegt man nicht ironisch, wenn man lüstern ist, nicht befriedigt zu sein. Vollkommen sinnlos sind folgende Ausdrücke desselben Autors:

> Das mehlige Lächeln seines breitgetretenen Gesichtes. (ebenda)

> Ihn dünkt der Blick seines Geistes und Auges so zerknittert und umgebogen. (ebenda)

> Sie (die Liebenden) umspann träumender Traum. (ebenda)

Was so ein Traum wohl träumt? — Conradi gefällt sich überhaupt in mystischen Aussprüchen, die an Tiefsinn mit dem berühmten Satze wetteifern: „Im Schatten kühler Denkungsart des Lebens Unvernunft mit Wehmut zu genießen, ist Tugend und Begriff." So läßt er den Helden seines Buches die Geliebte mit folgenden rätselhaften Worten zur Hingabe auffordern:

> Wandle Weib im Namen des neuen Geistes! Siehe! nur die Ahnung — das Geheimnis ist Gewißheit und Klarheit — Offenbarung und Kraft. Nur das Geheimnis ist Enthüllung und Erfüllung! Verstehst Du mich Weib? (Phrasen)

„Nein" hätte dieses antworten sollen.

Manchmal liegt der Unsinn nicht im Ausdrucke, sondern in der gedankenlosen Vernachlässigung der Wirklichkeit. Jensen:

> Aus ihrer Miene sprach etwas Unantastbares, daß es jeden Argwohn noch verscheucht hätte, selbst wenn sie im Dunkel der Mitternacht ohne Begleitung durch die Straßen gegangen wäre. (Aus stiller Zeit: Ein Traum)

Im Dunkel der Mitternacht hätte man ihre Miene wohl nicht erkannt! Derselbe Autor schreibt ferner:

> Der Beginn des neuen Jahres und manche Wochen desselben waren vorübergegangen — — Man rüstete sich überall im Stillen für die bevorstehende Karnevalszeit.
> (In der Fremde)

Hieße es bloß: „Karneval", so könnte man glauben, es sei die Fastnacht, etwa noch der ihr vorausgehende Tag gemeint; unter Karnevalszeit kann aber nur der Fasching, die Ballzeit, verstanden werden und diese pflegt doch wohl überall am 6. Januar zu beginnen: es können also vorher nicht schon Wochen des neuen Jahres vergangen sein.

Zu Unsinn führt es auch, wenn der Autor gerade das Gegenteil von dem erzählt, was er früher gesagt, sich also selbst Lügen straft. So schreibt Richard Voß:

> Ihr junger schwarzhaariger Fährmann war gegen seine Gewohnheit heute schweigsam und ernst.
> (Scherben: Vera)

Ohne daß eine erklärende Bemerkung gemacht, ohne daß etwa gesagt wird, jener sei in seine gewöhnliche Munterkeit zurückgefallen, heißt es auf der nächsten Seite:

> Lucio (der Schiffer) plauderte der schönen Signora munter vor.
> (ebenda)

„ernst" und „munter", „schweigsam sein" und „plaudern" stehen aber im schroffsten Widerspruche! Ein anderes Mal schreibt Voß:

>Ich erzählte ihr von meinem Leben, meinen Absichten, meinem Streben. (Scherben: Der Mut der Sünde)

einige Zeilen später:

>Niemals sprachen wir von uns selbst. (ebenda)

Schlußworte.

Die Verstöße gegen die Gesetze und gegen den Geist der Sprache bilden einen wichtigen Bestandteil der Schäden, mit denen die moderne deutsche Erzählungs-Litteratur behaftet ist, und zwar den, der zuerst zu beachten ist, weil er die äußere Form betrifft, also das, was vor allem auffällt oder vielmehr auffallen sollte; merkwürdiger Weise ist dies nämlich durchaus nicht der Fall. Das Lesepublikum ist an die herkömmlich gewordene Sprechverderbnis schon gewöhnt und hat nur selten ein Verständnis für sie, was sich wohl aus der Vernachlässigung erklären läßt, die dem Sprachunterrichte in den Mittelschulen zu widerfahren pflegt. Übrigens ist jenem diese Gleichgültigkeit gegen die sprachlichen Formen der Erzählungs-Litteratur nicht so übel zu nehmen, da ja dessen weitaus größter Teil in ihr nur Unterhaltung sucht.

Nicht so nachsichtig aber darf es beurteilt werden, daß auch die Litteratur-Kritik jenen keine Beachtung schenkt und sie, wenn sie ihr überhaupt auffallen, als Kleinigkeiten der Erwähnung nicht wert hält, daß auch ihr das Verständnis für jene mangelt, wofür wohl derselbe Grund bestimmend ist wie dort.

Es wäre vermessen, zu hoffen, diese Arbeit werde die betreffenden Schriftsteller — wenn sie ihnen zu Gesicht käme — bekehren und die bestehenden Schäden der Erzählungs-Litteratur abschaffen. Ja es ist sogar sehr wahrscheinlich, daß jene, zumal die, welche sich in Absonderlichkeiten gefallen, sie für den Ausfluß kleinlicher Pedanterie, für eine spitzfindig nörgelnde Wortklauberei halten und in ihrer Eigenart oder vielmehr Unart unentwegt fortfahren werden; denn wenn sie die grammatischen und logischen Regeln, die jener zu Grunde liegen, auch nicht abläugnen können, so werden sie doch glauben, sich über dieselben hinaussetzen zu dürfen.

Die Einsichtsvollen unter ihnen — und es ist zu wünschen, dies wären alle — werden aber zugeben müssen, daß diese Arbeit keine boshafte Nörgelei ist, sondern die Aufgabe hat, ein Versäumnis nachzuholen, das sich die Litteratur-Kritik hat zu schulden kommen lassen, und ein Gebrechen bloßzulegen, an dem die moderne Erzählungs-Litteratur krankt. Dieses zu heilen ist Sache der Schriftsteller.

Sollen aber all' die Schäden, mit denen jene behaftet ist, gründlich dargelegt werden, so muß man systematisch vorgehen, somit naturgemäß mit den Verstößen beginnen, die gegen den heiligen Geist der Sprache und deren Gesetz begangen werden, mit den „Sprachsünden!"

Verzeichnis der Schriftsteller.

Alberti, Conrad 11, 14, 61.
Ballestrem, Eufemia Gräfin (Frau von Adlerfels) 26, 27, 47, 61.
Bleibtreu, Carl 14, 25, 32, 33, 63, 64, 65, 66.
Boy-Ed, Ida 26.
Byr, Robert (von Bayer) 45, 46, 53.
Conradi, Hermann 14, 65, 71, 72.
Dahn, Felix 12, 24, 25, 31, 34, 36.
Dewall, Johannes van (August Kühne) 55.
Ebers, Georg 16, 30, 31, 37, 40, 54, 55, 61, 68.
Ebner-Eschenbach, Marie Baronin 29.
Franzos, Carl Emil 13.
Freytag, Gustav 34, 39.
Friedmann, Alfred 12, 15, 61, 62, 66, 67.
Geyern, Detlev von 36, 39, 55.
Haidheim, E. (Louise Ahlborn) 29, 53.
Heiberg, Hermann 12, 49, 50, 70.
Heimburg 29.
Heyse, Paul 11, 29.
Jensen, Wilhelm 13, 16, 17, 18, 19, 20, 24, 26, 30, 35, 37, 42, 56, 57, 58, 60, 67, 72.
Jordan, Wilhelm 13, 19, 30, 53.
Kaden, Woldemar 68.
Kapff-Essenther, F. von 55.
Keller, Gottfried 12, 16, 24, 26, 29, 47, 61, 65.

Liliencron, Detlev Freiherr von 12, 14, 24, 31, 32, 34, 38, 41, 42, 60, 64, 70.
Redwitz, Oscar Freiherr von 30.
Roberts, Alexander Baron 11, 13, 22, 27, 34.
Rosegger, P. K. 11, 12, 13, 20, 21, 22, 29, 30, 67.
Sacher-Masoch, Leopold von 35, 36.
Samarow, Gregor (Oscar Meding) 28, 50, 51, 52.
Schapira, M. 25, 62, 63.
Schubin, Ossip (Lola Kirschner) 11, 14, 59.
Spielhagen, Friedrich 23, 24, 28, 33, 39, 48.
Storm, Theodor 29, 68.
Torresani, Carl Baron 44, 66.
Vacano, Emil Maria und Emerich Graf Stadion 14, 69.
Voß, Richard 23, 24, 26, 35, 54, 61, 72, 73.
Wachenhusen, Hans 25, 28, 40, 52, 55.
Wald-Zedtwitz, E. von (Ewald von Zedtwitz) 15, 43, 55.
Walloth, Wilhelm 67, 70, 71.
Westkirch, Louise 26.
Wilbrandt, Adolf 28, 37, 67.